Backofen

HEISSGELIEBTES AUS DEM OFEN

Backofen

HEISSGELIEBTES
AUS DEM OFEN

Inhaltsverzeichnis

Einleitung 7

Kleine Gerichte 9

Toast Hawaii 10

Paprika-Welsh-Rarebit oder Überbackenes Ei-Toast 12

Überbackenes Käse-Törtchen mit Chutney 14

Chicken-Wings 18

Ofentomaten mit Polenta und Pecorino 20

Pilz-Frittata 22

Gratinierter Lachs mit Ingwer 24

Gruyère-Soufflé 26

Aufläufe und Gratins 29

Toskanischer Brotauflauf 30

Gnocchi-Auflauf mit grünen Bohnen 32

Spinatauflauf 34

Gemüseauflauf mit Bacon und Hähnchenfleisch 36

Kartoffelgratin mit Schweinefilet 38

Lachs im Lasagneblatt 40

Polenta-Salbei-Auflauf 42

Bolognese-Crespelle 44

Brokkoli-Kartoffelgnocchi-Auflauf 46

Die perfekte Lasagne 48

Kürbislasagne mit Knusperkruste 52

Nudelauflauf mit Maronen 54

Auberginen-Moussaka 56

Pastinaken-Crumble 58

Süßkartoffelauflauf 60

Braten und Geflügel 63

Hähnchenkeulen mit Ratatouille-Gemüse 64

Geschmorte Hähnchenkeulen 66

Limetten-Ingwer-Hähnchen 68

Coq à l'orange 70

Marokkanisches Zitronenhuhn 72

Brathähnchen 74

Senfhühnchen 76

Glasierte Entenkeulen mit Sauce 78

Schweinebraten 80

Entrecôte 82

Lammrollbraten 86

Kalbskotelettbraten 88

Lammbraten 90

Kalbsrücken mit Rosmarin-Senf-Kruste 92

Pizza, Tartes und Quiches 95

Pizza Salmone 96

Pissaladière 98

Orangenpizza 100

Fenchelpizza 102

Quiche Lorraine 104

Ziegenkäsequiche mit Paprika 106

Porreetarte mit Ziegenfrischkäse 108

Zwiebelkuchen 110

Pilzstrudel 112

Quiche mit Aceto-Schalotten und Rosenkohlsalat 114

Kürbisquiche mit Roquefort 116

Linsenquiche mit Merguez-Würstchen 120

Der ultimative Grundteig 122

Frische Erbsentarte 124

Lachstarte 126

Käsequiche 128

Chicorée-Tarte-Tatin 130

Pie mit Rote-Bete-Entenragout 132

Süßes 135

Ofenschlupfer 136

Rohrnudeln mit Sanddorn-Trauben-Kompott 138

Zitronentarte 140

Apfeltarte mit Brie und Walnüssen 144

Quarkauflauf mit Chili-Pflaumensauce 146

Bratapfelkuchen 148

Beeren-Plotzer 150

Ofengeheimnisse – unsere Tipps 153

Aus dem Ofen – Kleine Schule der Garmethoden 154

Mother's little helpers – Nötiges und Nützliches für Ofengerichte 156

Register 158

Impressum 160

Ein Hoch auf den Ofen!

Wann haben Sie das letzte Mal in die Röhre geguckt? Den Braten gerochen oder ihm gar nicht erst getraut? Jemanden schmoren lassen? Und gehören Sie auch zu den Menschen, die alles gebacken bekommen?

Rund um den Ofen gibt es jede Menge Redewendungen. Kein Wunder, ist er doch für alle, die gern kochen und essen, so ziemlich das Beste, was eine Küche zu bieten hat. Mit der Backofentür öffnet sich nämlich ein Universum an Köstlichkeiten – Ofengerichte sind allesamt Aromawunder. Und sie lassen uns mit ganz viel Lässigkeit kochen. Denn das Prinzip ist immer das gleiche: Man trägt beste Zutaten zusammen und bereitet sie mit Sorgfalt zu. Legt sie auf ein Blech oder schichtet sie in eine Form, schiebt dann alles in den heißen Ofen, guckt zu, was da passiert, doch kümmert sich nicht eifrig drum. Und wird nach einer gewissen Zeit trotzdem mit den wunderbarsten Speisen belohnt. Denn die Hauptarbeit übernimmt der Ofen. Probieren Sie es aus!

Damit Ihre Kochexperimente nicht zum »Schuss in den Ofen« werden – eine alte Redewendung, die für Misserfolg steht –, haben wir in diesem Buch eine bunte Mischung von leichten, köstlichen Rezepten zusammengestellt, die Ihnen die Vielfalt und Möglichkeiten der Backofenwelt in allen Facetten eröffnet. In die Röhre geschoben werden Chicken-Wings zum Knabbern und ein ganzes Brathähnchen; eine wirklich perfekte Lasagne; ein marinierter Schweinebraten; selbstverständlich auch Vegetarisches wie ein Pilzstrudel. Und das ist längst nicht alles.

So unterschiedlich die Gerichte sind, haben sie doch alle gemein, dass sie wertvolle Zeit schenken. Während die Speisen still vor sich hin garen, braten und schmoren, haben Sie Muße, schon mal den Tisch zu decken, den Wein zu öffnen, mit Familie oder Freunden kleinere und größere Welträtsel zu lösen. Oder das Dessert vorzubereiten, etwa einen Ofenschlupfer. Der backt sich nämlich auch fast wie von selbst.

Kleine Gerichte

Es muss ja nicht immer gleich ein großer Braten sein – ein Backofen macht auch kleine Gerichte und schnelle Snacks zu duftenden Köstlichkeiten. Schließlich brauchen ein gratinierter Lachs, eine Pilz-Frittata oder Chicken-Wings auch einfach nur ein bisschen Wärme zum Garen. Nur nicht ganz so viel, denn Gruyère-Soufflés sind nun mal eine fixe Sache – besonders, wenn es ans Essen geht, so köstlich wie die sind. Im Übrigen finden Sie auf der nächsten Seite einen legendären Ofenfavoriten:
Toast Hawaii!

Toast Hawaii

Auch wenn dieser Snack so gar nichts mit Hawaii zu tun hat, sondern in den 50ern in Deutschland erfunden wurde: Er ist der Klassiker unter den Überbackenen

ZUTATEN
8 Stück

8 Scheiben Ananas (frisch oder aus der Dose)
8 Scheiben Toastbrot
60 g Butter
8 Scheiben gekochter Schinken
8 Scheiben mittelalter Gouda-Käse

— Den Backofen auf 220 Grad, Umluft 200 Grad, Gas Stufe 5 vorheizen.

— Ananas in einem Sieb abtropfen lassen. Toastbrot nicht zu dunkel toasten, mit Butter bestreichen.

— Jede Toastscheibe mit einer Scheibe gekochtem Schinken, einer Scheibe Ananas und darüber einer Scheibe Käse belegen.

— Auf ein mit Backpapier ausgelegtes Gitterrost legen und 3–4 Minuten im vorgeheizten Ofen überbacken, bis der Käse zu zerlaufen beginnt.

 Fertig in 20 Minuten

 Pro Stück
ca. 460 kcal, E 26 g,
F 27 g, KH 28 g

Paprika-Welsh-Rarebit
ODER ÜBERBACKENER EI-TOAST

Ein langer Name für ein schnelles Rezept: Stullen beschmieren mit Käsecreme und der Paprikapaste Ajvar, unter den Grill damit, fertig!

ZUTATEN

4 Portionen, vegetarisch

4 Scheiben Bauernbrot
½ Bund gemischte Kräuter (Dill, Schnittlauch und Petersilie)
1–2 Lauchzwiebeln
100 g Hartkäse (Gryerzer oder Cheddar)
3 Eigelb
100 g Schmand (oder Crème fraîche)
4 EL Ajvar (milde Paprikapaste aus dem Glas)
Edelsüß-Paprikapulver zum Bestäuben

— Den Backofengrill auf höchster Stufe vorheizen.

— Die Brotscheiben toasten. Kräuter abspülen, trocken tupfen und fein hacken. Lauchzwiebeln putzen, abspülen und in feine Ringe schneiden.

— Den Käse fein reiben. Eigelb und Schmand verrühren. Käse und Lauchzwiebeln unterrühren.

— Die Brotscheiben mit Ajvar bestreichen und auf ein mit Backpapier ausgelegtes Backblech legen. Je ¼ der Käse-Ei-Mischung auf das Brot streichen, sodass die Scheibe vollständig mit der Creme bedeckt ist. Etwas Paprikapulver darüberstäuben.

— Auf der oberen Schiene direkt unter dem Grill so lange grillen, bis die Oberfläche goldbraun ist und Blasen wirft. Die Brote vom Backblech nehmen, mit gehackten Kräutern bestreuen. Am besten frisch aus dem Ofen genießen!

Fertig in 15 Minuten

Pro Portion
ca. 305 kcal, E 14 g,
F 19 g, KH 19 g

Überbackenes Käse-Törtchen

MIT CHUTNEY

Fruchtiges Zwiebel-Aprikosen-Chutney unterstreicht den Geschmack vom mild-aromatischen Schimmelkäse

ZUTATEN

6 Portionen, vegetarisch

CHUTNEY

1–2 Zweige Rosmarin
150 g Schalotten
250 g Aprikosenhälften
(aus der Dose)
1 EL Öl
2 EL Aprikosengeist oder
Zitronensaft
feines Meersalz
frisch gemahlener Pfeffer
2 EL Weißweinessig

TÖRTCHEN

40 g Butter
40 g Mehl
250 ml Milch
150 g milder Edelpilzkäse
(z. B. Roquefort)
5 Eier
frisch geriebene Muskatnuss
75 g Crème fraîche
Butter und Mehl für die Förmchen

Fertig in
1 Stunde 30 Minuten

Pro Portion
ca. 370 kcal, E 15 g,
F 26 g, KH 16 g

Dazu grüner Blattsalat

FÜR DAS CHUTNEY

— Rosmarin abspülen, Nadeln abstreifen und fein hacken. Schalotten abziehen und fein würfeln. Abgetropfte Dosen-Aprikosen (den Sud aufheben) fein würfeln. Das Öl in einem kleinen Topf erhitzen. Schalotten und Rosmarin darin andünsten und die Aprikosenwürfel unterrühren. Den Aprikosengeist darübergießen und einkochen lassen. 5 EL Aprikosensud aus der Dose dazugeben und etwa 5 Minuten kochen lassen. Das Chutney mit Salz, Pfeffer und Essig abschmecken.

FÜR DIE TÖRTCHEN ODER SOUFFLÉS

— Die Butter schmelzen. Das Mehl dazugeben und etwa 1 Minute unter Rühren andünsten (nächste Seite, Foto 1). Die Milch nach und nach dazugießen und dabei mit einem Schneebesen kräftig rühren, damit keine Klümpchen bleiben (Foto 2). Etwa 1 Minute unter Rühren kochen lassen. Den Topf mit der Sauce vom Herd nehmen und etwa 15 Minuten abkühlen lassen.

— Den Backofen auf 180 Grad, Umluft 160 Grad, Gas Stufe 3 vorheizen. 6 kleine runde ofenfeste Förmchen oder Tassen (à 150 ml Inhalt) mit Butter ausfetten und leicht mit Mehl ausstreuen (Foto 3).

— Den Käse zerbröckeln. Eier trennen. Das Eiweiß steif schlagen. Eigelb und 100 g Käse unter die heiße Sauce rühren und mit Pfeffer und Muskat würzen (Foto 4–5). Den Eischnee vorsichtig unterheben (Foto 6).

— Die Soufflé-Masse in die Förmchen geben (Foto 7). Förmchen in die Fettpfanne des Backofens oder eine große ofenfeste Form stellen. Auf die mittlere Schiene des Backofens schieben und mit so viel kochendem Wasser aufgießen, dass die Förmchen etwa 2 cm hoch im Wasser stehen (Foto 8). Die Masse in den Förmchen etwa 25 Minuten backen.

- Die Förmchen aus dem Wasser heben und abkühlen lassen.
- Den Backofen auf 200 Grad, Umluft 180 Grad, Gas Stufe 4 hochschalten.
- Nach etwa 15 Minuten die Törtchen aus den Förmchen lösen und auf ein mit Backpapier ausgelegtes Backblech legen. Mit Crème fraîche bestreichen und den restlichen Käse darüberstreuen (Foto 9). Die Käsetörtchen auf der oberen Schiene im Backofen etwa 10 Minuten überbacken. Zusammen mit dem Aprikosen-Chutney servieren.

Chicken-Wings

Die Hähnchenflügel bekommen in einer würzigen Barbecue-Marinade volles Aroma und sind, knusprig gebraten, Finger-Food der feinen Art

ZUTATEN
12 Stück

BARBECUE-SAUCE
1 große Zwiebel
1 Knoblauchzehe
2 EL Öl
300 g Ahornsirup
1 TL Salz
120 g Tomatenketchup
4 EL Weißweinessig
3 TL Senfpulver
frisch gemahlener Pfeffer
einige Spritzer Worcestershire-sauce

12 Hähnchenflügel (ca. 1 kg; am besten Bio)

FÜR DIE BARBECUE-SAUCE

— Zwiebel und Knoblauch abziehen und fein würfeln. In einem Topf das Öl erhitzen, Zwiebel und Knoblauch darin glasig dünsten. Alle weiteren Saucenzutaten dazugeben und bei kleiner Hitze etwa 15–20 Minuten dicklich einkochen lassen. Zwischendurch umrühren und anschließend abkühlen lassen.

FÜR DIE HÄHNCHENFLÜGEL

— Hähnchenflügel abspülen, trocken tupfen und die Spitzen mit einer Geflügelschere abschneiden. Flügel und die kalte Barbecue-Sauce in einen Gefrierbeutel geben, gut mischen und verschlossen für mindestens 2 Stunden kalt stellen.

— Den Backofen auf 220 Grad, Umluft 200 Grad, Gas Stufe 5 vorheizen.

— Den Backofenrost in den Ofen schieben und ein mit Backpapier ausgelegtes Backblech darunterstellen. Die Flügel abtropfen lassen, auf den Rost legen und 8–10 Minuten im Ofen braten. Die Flügel wenden und weitere 8–10 Minuten knusprig braun und gar braten.

Ohne Wartezeit fertig in 1 Stunde

Pro Stück
ca. 295 kcal, E 14 g,
F 15 g, KH 20 g

Tipp

Mit der Barbecue-Sauce können Sie auch gut Fischstücke oder Schweine-Nackensteaks marinieren.

Ofentomaten

MIT POLENTA UND PECORINO

Schnelles Kuschelessen: Cremige Pecorino-Polenta ist ein weiches Bett für sanft geschmorte Kirschtomaten

ZUTATEN
2 Portionen, vegetarisch

OFENTOMATEN
400 g Kirschtomaten
3 EL Olivenöl
grobes Meersalz
grober Pfeffer

POLENTA
50 g Pecorino- oder Parmesan-Käse
350 ml Milch
400 ml kräftige Gemüsebrühe
1 Lorbeerblatt
150 g Polenta (Maisgrieß)
evtl. Basilikum

— Den Backofen auf 180 Grad, Umluft 160 Grad, Gas Stufe 3 vorheizen.

FÜR DIE OFENTOMATEN
— Kirschtomaten abspülen und von den Stielen zupfen. In eine Auflaufform geben und das Öl darüberträufeln. Mit Salz und Pfeffer bestreuen. Im vorgeheizten Ofen etwa 15 Minuten schmoren.

FÜR DIE POLENTA
— Den Käse fein hobeln oder reiben. Milch, Brühe und Lorbeer aufkochen. Polenta langsam unter Rühren in die Milchmischung streuen. Bei kleiner Hitze unter Rühren 3–5 Minuten kochen lassen (Vorsicht, es spritzt!), bis ein cremiger Brei entstanden ist. Etwa die Hälfte vom Käse unterrühren. Lorbeer entfernen.

— Polenta auf 2 Teller geben, in die Mitte eine kleine Delle eindrücken. Ofentomaten mit etwas Schmorflüssigkeit auf die Polenta geben. Restlichen Käse und groben Pfeffer darüber verteilen. Mit Basilikum bestreuen.

Fertig in 30 Minuten

Pro Portion
ca. 680 kcal, E 23 g, F 34 g, KH 69 g

Pilz-Frittata

Kann Pilzen Besseres passieren, als gemeinsam mit seinen Brüdern in Manchego und Ricotta zur Frittata zu werden?

ZUTATEN

4 Portionen, vegetarisch

500 g gemischte Pilze (z. B. Kräuterseitlinge, Champignons, Pfifferlinge und Shiitake-Pilze)
2 rote Zwiebeln
100 g Manchego-Käse
1 Bund Basilikum
8 Eier
100 g Ricotta-Käse
Salz
frisch gemahlener Pfeffer
4 EL Olivenöl
20 g Butter
Fett für die Form

— Den Backofen auf 200 Grad, Gas Stufe 4 vorheizen. Umluft nicht empfehlenswert.

— Pilze putzen, je nach Größe in grobe Stücke schneiden. Zwiebeln abziehen und in Streifen schneiden. Käse fein reiben. Basilikumblättchen abzupfen und in feine Streifen schneiden.

— Eier und Ricotta verquirlen und mit Salz und Pfeffer abschmecken. Käse und Basilikum unterrühren.

— 2 EL Öl und die Hälfte der Butter in einer großen beschichteten Pfanne erhitzen. Die Hälfte der Pilze 3–4 Minuten rundherum kräftig anbraten. Restliche Pilze im restlichen Öl mit der restlichen Butter auch 3–4 Minuten anbraten. Zwiebeln dazugeben und kurz mitbraten.

— Alle Pilze und Zwiebeln in eine gefettete Auflaufform (Ø 26 cm) oder eine ofenfeste Pfanne geben und die Eimasse darübergießen. Im heißen Ofen auf der mittleren Schiene etwa 15 Minuten backen, bis die Eimasse gestockt ist. Den Auflauf noch warm servieren.

 Fertig in 30 Minuten

 Pro Portion
ca. 510 kcal, E 29 g,
F 42 g, KH 6 g

Tipp

Pilze nur trocken mit einem Pinsel oder mit Küchenkrepp abputzen. Nicht abspülen, da sich die Pilze mit Wasser vollsaugen.

Gratinierter Lachs
MIT INGWER

Das Lachsfilet gart unter einer asiatisch angehauchten Paste aus Semmelbröseln, Limette, Ingwer und Koriander

ZUTATEN
4 Portionen

800 g Lachsfilet (mit Haut)
2 Limetten
1 Stück frischer Ingwer (30 g)
2 Knoblauchzehen
1 Bund Koriander
2–3 EL Semmelbrösel
1–2 EL Sonnenblumenöl
Salz
frisch gemahlener Pfeffer

— Den Backofen auf 200 Grad, Umluft 180 Grad, Gas Stufe 4 vorheizen.

— Das Lachsfilet abspülen, trocken tupfen und auf ein Backblech oder in eine große Auflaufform legen.

— Limetten heiß abspülen und trocken tupfen. Von einer Limette die Schale fein abreiben und den Saft auspressen. Limettensaft über das Fischfilet träufeln.

— Ingwer und Knoblauch schälen und beides fein hacken. Koriander abspülen, trocken schütteln, die Blätter abzupfen und, bis auf ein paar Blättchen für die Deko, fein hacken.

— Limettenschale, Ingwer, Knoblauch, gehackten Koriander, Semmelbrösel und Öl zu einer Paste verrühren. Das Fischfilet salzen, wenig pfeffern und die Ingwerpaste daraufstreichen. Restliche Limette in Scheiben schneiden und zum Fisch in die Form legen.

— Im Ofen je nach Dicke des Filets 12–15 Minuten backen. Korianderblätter darüberstreuen und servieren.

Fertig in 25 Minuten

Pro Portion
ca. 340 kcal, E 38 g,
F 18 g, KH 7 g

Gruyère-Soufflé

Viel heiße Luft ist willkommen, vor allem wenn sie als Soufflé aufgetischt wird und unwiderstehlich nach Gruyère duftet.

ZUTATEN

4 Portionen, vegetarisch

2 Eier
Salz
125 g Quark (20 % Fett)
70 g fein geriebener Gruyère-Käse
etwas Cayennepfeffer
frisch geriebene Muskatnuss
1 EL Speisestärke
1 TL Butter für die Förmchen
2 TL Mehl

– Den Backofen auf 220 Grad, Umluft 200 Grad, Gas Stufe 5 vorheizen.

– Die Eier trennen. Eiweiß mit einer Prise Salz steif schlagen (nicht zu lange, damit der Eischnee sich noch gut unterheben lässt).

– Eigelb und Quark mit den Quirlen des Handrührers cremig rühren. Käse unterheben und mit Salz, Cayennepfeffer und Muskat würzen. Dann den Eischnee dazugeben, die Stärke darübersieben und beides vorsichtig unterheben.

– 4 kleine Förmchen (à 100 ml Inhalt) mit Butter ausstreichen und mit Mehl ausstreuen. Das überschüssige Mehl herausklopfen.

– Die Soufflé-Masse einfüllen und im Ofen auf dem Rost etwa 15–18 Minuten backen. Direkt aus dem Ofen servieren – das Soufflé fällt schnell wieder zusammen.

 Fertig in 30 Minuten

 Pro Portion
ca. 180 kcal, E 13 g,
F 12 g, KH 6 g

 Dazu grüner Salat

Aufläufe und Gratins

Kaum zu glauben, dass Aufläufe einmal ein echtes Image-Problem hatten – galten sie doch als Resteverwertung, als Arme-Leute-Essen. Zum Glück ist das vorbei, denn so ein Auflauf entführt in kulinarische Welten. Da wären etwa eine Auberginen-Moussaka, ein herbstlicher Nudelauflauf mit Maronen und natürlich ein Kartoffelgratin, wie es sich gehört. Oder kommen Sie mit auf einen Trip in die Toskana mit einem umwerfenden Brotauflauf. Wie war das mit dem Image-Problem? Hat sich erledigt

Toskanischer Brotauflauf

Noch Baguette übrig? Tomaten gibt es auch? Fehlen nur noch Mozzarella und Basilikum. Einfach, schnell und unkompliziert – so muss ein Auflauf sein

ZUTATEN

2 Portionen, vegetarisch

125 g Baguettebrot (vom Vortag)
300 ml Milch
200 g Mozzarella-Käse
3 Tomaten
1 Bund Basilikum
100 g Crème légère
2 Eier
Salz
frisch gemahlener Pfeffer

— Den Backofen auf 200 Grad, Umluft 180 Grad, Gas Stufe 4 vorheizen.

— Baguette in 1 cm dicke Scheiben schneiden, mit 150 ml Milch beträufeln. Abgetropften Mozzarella in Scheiben schneiden. Tomaten abspülen, in Scheiben schneiden. Basilikum abspülen, trocken schütteln, grob zupfen.

— Brot, Mozzarella, Tomaten und die Hälfte vom Basilikum in eine Auflaufform (etwa 1 l Inhalt) dachziegelartig einschichten.

— Crème légère, restliche Milch und Eier verrühren, mit Salz und Pfeffer würzig abschmecken. Auflauf mit der Eimischung begießen.

— Den Auflauf im vorgeheizten Backofen etwa 20 Minuten goldbraun überbacken. Herausnehmen, mit dem restlichen Basilikum bestreuen und sofort servieren.

Fertig in 30 Minuten

Pro Portion
ca. 705 kcal, E 40 g,
F 40 g, KH 45 g

Dazu grüner Salat

Gnocchi-Auflauf
MIT GRÜNEN BOHNEN

Spinat, Bohnen und Tomaten mischen sich mit milden Gnocchi zu einem Gemüseauflauf de luxe – Kürbiskerne sorgen für den nötigen Biss

ZUTATEN
2 Portionen, vegetarisch

1 Knoblauchzehe
100 g TK-Spinat
Salz
frisch gemahlener Pfeffer
1 EL Olivenöl
100 g grüne Bohnen
1 Packung Gnocchi (400 g; Kühlregal)
200 g fertige Tomatensauce mit Basilikum
1 Tomate
1 EL geriebener ital. Hartkäse
1 EL Kürbiskerne

— Knoblauchzehe abziehen und fein würfeln. Gefrorenen Spinat klein hacken, dabei auftauen lassen und mit Salz, Pfeffer, Knoblauch und Öl würzen. Den Spinat in eine Auflaufform geben.

— Den Backofen auf 200 Grad, Umluft 180 Grad, Gas Stufe 4 vorheizen.

— Bohnen putzen, abspülen und kleiner schneiden. In Salzwasser etwa 7 Minuten kochen. In den letzten 2 Minuten Gnocchi dazugeben und mitkochen lassen.

— Abgießen und mit der Tomatensauce mischen. Bohnen und Gnocchi auf den gewürzten Spinat in die Form geben und verteilen.

— Tomate abspülen, putzen und in Scheiben schneiden. Tomatenscheiben, Käse und Kürbiskerne auf den Gnocchi verteilen. Im vorgeheizten Backofen etwa 15 Minuten goldbraun backen.

Fertig in 30 Minuten

Pro Portion
ca. 535 kcal, E 16 g,
F 11 g, KH 88 g

Spinatauflauf

Ganz fix gemacht: Nudeln und Spinat garen im Topf, bevor sie in den Ofen kommen. Gekrönt von sonnengelben Spiegeleiern

ZUTATEN

2 Portionen, vegetarisch

150 g Spaghettini
Salz
200 g TK-Spinat
1 kleines Bund Basilikum
100 g Schlagsahne
50 g geriebener Parmesan-Käse
frischer Pfeffer
4 Bio-Eier
etwas Cayennepfeffer

— Den Backofen auf 180 Grad, Umluft 160 Grad, Gas Stufe 3 vorheizen.

— Spaghettini nach Packungsanweisung in Salzwasser bissfest kochen. Gefrorenen Spinat in den letzten 2 Minuten mitkochen lassen. Spaghettini und Spinat in einem Sieb abtropfen lassen.

— Basilikum abspülen und die Blätter von den Stielen zupfen.

— Spaghettini, Spinat, Basilikum (bis auf ein paar Blätter zum Bestreuen), Sahne und Parmesan mischen. Mit Salz und Pfeffer würzen und in eine ofenfeste Form geben. Eier aufschlagen und als Spiegeleier vorsichtig daraufgeben. Mit etwas Cayennepfeffer würzen.

— Im Ofen etwa 13–15 Minuten backen. Zum Servieren mit dem restlichen Basilikum bestreuen.

 Fertig in 30 Minuten

 Pro Portion
ca. 725 kcal, E 37 g, F 40 g, KH 55 g

Gemüseauflauf
MIT BACON UND HÄHNCHENFLEISCH

Möhren, Pastinaken und Kartoffeln bereiten Hähnchenbrustscheiben den Boden, die Speckdecke sorgt für Extrawürze

ZUTATEN
5 Portionen

2 Hähnchenbrustfilets (380 g)
2 EL Öl
Salz
frisch gemahlener Pfeffer
500 g Kartoffeln
300 g Pastinaken
200 g Möhren
½ Bund Basilikum
250 g Cremefine zum Kochen
3 Eigelb
60 g Gorgonzola-Käse
100 g Bacon (Frühstücksspeck)
Fett für die Form

— Hähnchenbrustfilets abspülen, trocken tupfen und in 1 EL heißem Öl 10 Minuten braten. Mit Salz und Pfeffer würzen und abkühlen lassen.

— Kartoffeln schälen, abspülen und würfeln. Gemüse putzen, abspülen und in dünne Scheiben schneiden. Kartoffeln und Gemüse in kochendem Salzwasser 5 Minuten vorkochen.

— Basilikum abspülen, trocken schütteln und die Blättchen in Streifen schneiden (eventuell einige Blättchen zum Garnieren beiseitelegen).

— Den Backofen auf 200 Grad, Umluft 180 Grad, Gas Stufe 4 vorheizen.

— Das Hähnchenfleisch schräg in Scheiben schneiden. Kartoffeln, Pastinaken, Möhren und Basilikum mischen und in eine runde, ofenfeste und gefettete Form (Ø 25 cm) geben. Die Hähnchenfleischscheiben darüber verteilen.

— Cremefine und Eigelb verrühren, leicht mit Salz und Pfeffer würzen und über den Auflauf gießen.

— Gorgonzola in Flöckchen auf dem Auflauf verteilen. Baconscheiben halbieren und darauflegen. Im Backofen etwa 40 Minuten backen.

— Zum Servieren den Auflauf eventuell mit einigen Basilikumblättchen bestreuen.

Fertig in
1 Stunde 20 Minuten

Pro Portion
ca. 455 kcal, E 44 g,
F 28 g, KH 39 g

Info

Pastinaken sehen aus wie große Petersilienwurzeln. Der Kopfteil am Blattansatz ist sehr dick, und die Wurzel läuft dann spitz zu. Pastinaken haben einen hohen Zucker- und Stärke-Anteil, wodurch sie leicht süßlich schmecken und an Möhren und Petersilie erinnern. Sie sind leicht bekömmlich, außerdem reich an Kalzium, Kalium, Phosphor, Eisen und vielen B-Vitaminen.

Kartoffelgratin
MIT SCHWEINEFILET

Ein Traumpaar – dünn gehobelte Kartoffeln und Schweinefiletscheiben. Zum Gratin-Glück braucht es nur noch ein paar Kräuter und Parmesan

ZUTATEN

4 Portionen

1 kg mehligkochende Kartoffeln
1 Knoblauchzehe
1 TL weiche Butter
700 g Schweinefilet
(am besten Bio)
1 Bund glatte Petersilie
1 Bund Thymian
1 Bund Schnittlauch
100 g Parmesan-Käse
Salz
frisch gemahlener Pfeffer
frisch geriebene Muskatnuss
400–500 g Kochsahne (15 % Fett)
2–3 TL Speisestärke

▸ Kartoffeln schälen, abspülen und am besten auf einem Küchenhobel in knapp 2 mm dicke Scheiben hobeln. Knoblauch halbieren und eine möglichst große Auflaufform (Ø 28 cm) damit ausreiben oder kleine Portionsförmchen nehmen. Form oder Förmchen mit Butter ausstreichen.

▸ Den Backofen auf 200 Grad, Umluft 180 Grad, Gas Stufe 4 vorheizen.

▸ Das Schweinefilet abspülen, trocken tupfen und eventuell Häute und Sehnen abschneiden. Filet in etwa 1,5 cm dicke Scheiben schneiden.

▸ Kräuter abspülen, trocknen und hacken. Parmesan fein reiben. Filetscheiben in den Kräutern wenden und mit Salz und Pfeffer würzen. Kartoffel- und Filetscheiben dachziegelartig in die Form schichten. Etwa die Hälfte des Parmesans dazwischenstreuen. Zwischendurch mit Salz, Pfeffer, Muskat würzen.

▸ Sahne und Stärke verrühren und darübergießen. Es sollte so viel Flüssigkeit in der Form sein, dass die Kartoffeln etwa ½–1 cm herausragen. Restlichen Parmesan darüberstreuen. Im Ofen 40–50 Minuten goldbraun backen, bis die Kartoffeln gar und gebräunt sind.

Fertig in
1 Stunde 20 Minuten

Pro Portion
ca. 635 kcal, E 54 g,
F 31 g, KH 39 g

Lachs
IM LASAGNEBLATT

Lasagne in praktischen Portionsgrößen: Lachs und Fenchel garen in einer Nudeltasche, Dillcreme krönt das Spiel der Aromen

ZUTATEN
6 Portionen als Vorspeise

LASAGNE
6 weiße Lasagneblätter
Salz
frisch gemahlener Pfeffer
2–3 Fenchelknollen
1 TL Butter
1 Limette
600 g Lachsfilet (aus nachhaltigem Fischfang; z. B. mit MSC-Siegel)
100 g rote und gelbe Kirschtomaten

DILLCREME
2 Bund Dill
400 g saure Sahne
2 Eigelb

FÜR DIE LASAGNE

— Lasagneblätter in reichlich kochendem Salzwasser nach Packungsanweisung etwa 7 Minuten knapp gar kochen. Herausnehmen und kalt abspülen.

— Fenchel putzen, abspülen und den Strunk herausschneiden. Fenchel in schmale Spalten schneiden. Butter erhitzen und den Fenchel darin etwa 4–5 Minuten knapp gar dünsten. Mit Salz und Pfeffer abschmecken.

— Den Backofen auf 180 Grad, Umluft 160 Grad, Gas Stufe 3 vorheizen.

— Limette heiß abspülen, trocken tupfen und von einer Hälfte die Schale fein abreiben. Den Saft auspressen. Lachs abspülen, trocken tupfen und in 6 Stücke schneiden. Filets mit Limettensaft beträufeln, mit Salz und Pfeffer würzen.

FÜR DIE DILLCREME

— Dill abspülen, trocknen und hacken, die andere Hälfte der Limettenschale fein abreiben. Dill, saure Sahne, Eigelb und Limettenschale verrühren und mit Salz und Pfeffer würzen.

— Lasagneblätter ausbreiten und auf eine Hälfte der Blätter den Fenchel verteilen. Je ein Stück Lachsfilet darauflegen und etwa die Hälfte der Dillcreme auf den Fischstücken verstreichen.

— Freie Nudelblatthälften über den Lachs legen. Nudeltaschen in eine oder mehrere gefettete Auflaufformen legen. Restliche Dillcreme darauf verteilen. Nudelblätter überall gut damit bestreichen, sonst trocknen sie im Ofen aus.

— Lachs im Ofen etwa 20 Minuten backen. Tomaten abspülen, trocknen und vierteln. Über die Nudeltaschen streuen und noch 10–15 Minuten überbacken.

Fertig in
1 Stunde 10 Minuten

Pro Portion
ca. 300 kcal, E 26 g,
F 12 g, KH 21 g

Tipps

Als Hauptgericht reicht das Rezept für 3 Personen.

Statt mit Lachs können Sie das Rezept auch mit Zander- oder Kabeljau-Filet kochen.

Polenta-Salbei-Auflauf

Schönes Schichtwerk aus Zucchini, Tomaten und Polenta.
Salbei und Oliven machen's noch italienischer

ZUTATEN
4 Portionen, vegetarisch

POLENTA
375 ml Gemüsebrühe
400 ml Milch
125 g Schlagsahne
¾ TL Salz
175 g Polenta (Maisgrieß)
½ Bund Salbei
50 g Greyerzer-Käse
25 g Parmesan-Käse
Fett für die Form

GEMÜSE
300 g Zucchini
350 g Flaschentomaten
frisch gemahlener Pfeffer
50 g entsteinte schwarze Oliven
75 g Greyerzer-Käse
30 g Parmesan-Käse

FÜR DIE POLENTA

— Brühe, Milch, Sahne und Salz aufkochen. Polenta einstreuen, bei kleiner Hitze 2 Minuten kochen. Salbei abspülen und hacken.

— Greyerzer und Parmesan fein reiben. Käse und Salbei unter Polenta rühren. Mit Salz abschmecken. Polenta in eine gefettete ofenfeste Form streichen.

— Den Backofen auf 200 Grad, Umluft 180 Grad, Gas Stufe 4 vorheizen.

FÜR DAS GEMÜSE

— Die Zucchini und Tomaten abspülen, putzen und in etwa 3 mm dicke Scheiben schneiden. Die Gemüsescheiben im Wechsel aufrecht in die Polenta stecken und dabei mit Salz und Pfeffer würzen.

— Oliven eventuell grob hacken. Den Greyerzer grob und den Parmesan fein raspeln. Zuerst die Oliven, dann beide Käsesorten über den Auflauf streuen. Im Ofen etwa 30 Minuten backen.

 Fertig in 1 Stunde

 Pro Portion
ca. 565 kcal, E 24 g,
F 33 g, KH 43 g

Tipp

Flaschentomaten haben festeres Fruchtfleisch und geben beim Backen nicht so viel Flüssigkeit ab. Andere Tomaten kann man natürlich auch nehmen, sie sind aber wässriger.

Bolognese-Crespelle

Erst Pfannkuchen braten, dann Bolognese darin einwickeln und alles zusammen überbacken. Klingt super? Schmeckt auch so!

ZUTATEN

4 Portionen

TEIG

2 Eier
175 ml Milch
2 EL Olivenöl
100 g Mehl
1 Prise Salz
etwa 1 EL Butter oder Butterschmalz zum Braten

SAUCE

30 g Butter
30 g Mehl
je 200 ml Brühe und Milch
frisch gemahlener Pfeffer
2 EL frisch geriebener Parmesan-Käse

BOLOGNESE-FÜLLUNG

400 g Porree
350 g Möhren
1 EL Olivenöl
300 g gemischtes Hackfleisch (am besten Bio)
2 EL Tomatenmark
150 ml Brühe
½ Bund Thymian
etwas Zucker

Fertig in
1 Stunde 30 Minuten

Pro Portion
ca. 625 kcal, E 30 g,
F 40 g, KH 36 g

FÜR DEN TEIG

— Eier, Milch und Olivenöl verquirlen. Mehl und Salz mischen und nach und nach darunterrühren.

— Eine beschichtete Pfanne (Ø 18 cm) dünn mit Butter ausstreichen. Aus dem Teig nacheinander mit je etwas Butter bei mittlerer Hitze 8 dünne Pfannkuchen backen und beiseitestellen.

FÜR DIE SAUCE

— Die Butter zerlassen, das Mehl auf einmal zufügen und unter Rühren darin andünsten. Brühe und Milch unterrühren und alles 5 Minuten bei kleiner Hitze köcheln lassen. Mit Salz und Pfeffer würzen. Falls die Sauce sehr dickflüssig ist, noch etwas mehr Milch dazugeben und unterrühren.

FÜR DIE BOLOGNESE-FÜLLUNG

— Porree und Möhren putzen, Porree in schmale Ringe, Möhren in kleine Stücke schneiden. Öl in einer Pfanne stark erhitzen, Hackfleisch darin krümelig braun anbraten. Tomatenmark zufügen und kurz mit anbraten, mit Salz und Pfeffer kräftig würzen.

— Porree und Möhren dazugeben und anbraten. Brühe dazugießen und alles etwa 5 Minuten zugedeckt dünsten. Thymianblättchen dazugeben. Bolognese mit Salz, Pfeffer und Zucker würzen.

— Den Backofen auf 180 Grad, Umluft 160 Grad, Gas Stufe 3 vorheizen. Boden einer Auflaufform mit etwas Soße ausstreichen. Füllung auf die Pfannkuchen geben, aufrollen und auf der Naht in die Form legen. Restliche Sauce über die Pfannkuchen geben. Parmesan darüberstreuen und im Ofen auf der unteren Schien etwa 30 Minuten überbacken.

Tipp

Crespelle lassen sich gut auf Vorrat machen: fix und fertig backen, einfrieren – und dann aufgetaut in den kalten Ofen schieben und erhitzen.

Brokkoli-Kartoffelgnocchi-Auflauf

Diesmal kommen Kartoffeln nicht in Scheiben, sondern auf italienische Art daher. Den Brokkoli stört das nicht. Feines Topping: Pinienkerne

ZUTATEN
4 Portionen, vegetarisch

GNOCCHI
750 g vorwiegend festkochende Kartoffeln
Salz
1 Ei
150–250 g Mehl
frisch gemahlener Pfeffer
frisch geriebene Muskatnuss
Mehl zum Formen
500 g Brokkoli

75 g milder Gorgonzola-Käse
2 EL Pinienkerne oder Mandelstifte
Fett für die Form

GUSS
375 ml Milch
3 Eier

Fertig in
2 Stunden 10 Minuten

Pro Portion
ca. 585 kcal, E 27 g,
F 23 g, KH 67 g

FÜR DIE GNOCCHI

— Kartoffeln abspülen, in Salzwasser 25 Minuten kochen, abgießen und die Schale abziehen. Warme Kartoffeln durch die Kartoffelpresse drücken und abkühlen lassen.

— Kartoffeln, Ei und so viel Mehl mit den Händen verkneten, bis ein geschmeidiger und formbarer Teig entstanden ist. Mit Salz, Pfeffer und Muskatnuss würzen.

— Teig auf wenig Mehl zu fingerdicken Rollen formen und in 3 cm lange Stücke schneiden. In die kleinen Teigstücke mit den Fingern je eine Delle eindrücken.

— In einem großen Topf reichlich Salzwasser aufkochen. Die Gnocchi darin portionsweise gar kochen. Mit einer Schaumkelle herausnehmen und abtropfen lassen.

— Den Backofen auf 200 Grad, Umluft 180 Grad, Gas Stufe 4 vorheizen.

— Den Brokkoli putzen, abspülen und in Röschen teilen. Brokkoli in Salzwasser 3–4 Minuten knapp gar kochen. Gnocchi und Brokkoli in eine gefettete Auflaufform schichten.

FÜR DEN GUSS

— Milch und Eier verquirlen, mit Salz, Pfeffer und Muskat würzen und über den Auflauf gießen.

— Gorgonzola in Flöckchen und die Pinienkerne darüberstreuen. Im Ofen etwa 30–40 Minuten backen, bis die Eiermilch gestockt ist. Wird der Auflauf zu dunkel, mit Backpapier abdecken.

Tipps

Je nach Stärkegehalt der Kartoffeln wird mehr oder weniger Mehl für den Teig benötigt – auf jeden Fall sollte der Teig weich sein und nicht mehr kleben.

Selbst gemachte Gnocchi sind besonders saftig und zart; soll's schneller gehen, können Sie aber auch fertige Kartoffel-Gnocchi aus dem Kühlregal nehmen.

Die perfekte Lasagne

So schwierig ist es gar nicht, Nudelblätter selbst zu machen. Eine gute Lasagne braucht nur etwas Zeit, Zuwendung – und eine saftige Füllung

ZUTATEN
6 Portionen

LASAGNEBLÄTTER
200 g Mehl (Type 405)
2 Eier
Salz
Öl für die Arbeitsfläche

BOLOGNESE
1 rote Zwiebel
1 Knoblauchzehe
je 200 g Möhren und Knollensellerie
2 EL Butterschmalz
500 g gemischtes Hackfleisch (am besten Bio)
Salz
frisch gemahlener Pfeffer
1 gehäufter EL Tomatenmark
100 ml trockener Rotwein
1 Lorbeerblatt
2 Dosen gehackte Tomaten (à 400 g)
1 Bund Oregano
1 Prise Zucker

BÉCHAMELSAUCE
(siehe Seite 51)

 Fertig in 2 Stunden

 Pro Portion
ca. 650 kcal, E 31 g,
F 42 g, KH 35 g

FÜR DIE LASAGNEBLÄTTER

— Das Mehl in eine große Schüssel geben und in die Mitte eine Mulde drücken. 2 EL Wasser und die Eier hineingeben und etwas verrühren, mit angefeuchteten Händen in etwa 10 Minuten zu einem glatten homogenen Teig verkneten. Ist der Teig zu trocken, mit befeuchteten Händen weiterkneten. Teig in Frischhaltefolie gewickelt etwa 30 Minuten bei Zimmertemperatur ruhen lassen.

— Teig mit dem Nudelholz (oder in der Nudelmaschine) auf wenig Mehl etwa 3 mm dünn rechteckig ausrollen und in 12 Lasagneblätter schneiden.

— Reichlich Salzwasser in einem großen Topf aufkochen, Lasagneblätter portionsweise darin etwa 7 Minuten vorkochen, mit einer Schaumkelle ab und zu umrühren, damit die Blätter nicht aneinanderkleben. Blätter herausnehmen und abtropfen lassen.

— Blätter auf einer leicht geölten Arbeitsfläche ausbreiten und möglichst schnell weiterverarbeiten.

FÜR DIE BOLOGNESE

— Zwiebel, Knoblauch, Möhren und Sellerie fein würfeln. 1 EL Butterschmalz in einer großen beschichteten Pfanne erhitzen, das Gemüse darin bei mittlerer Hitze etwa 10 Minuten braten und beiseitestellen (nächste Seite, Foto 1).

— Restliches Butterschmalz in die heiße Pfanne geben. Hack hineingeben und bei starker Hitze krümelig braun braten, mit Salz und Pfeffer würzen (Foto 2). Tomatenmark unterrühren, weitere 2 Minuten braten. Rotwein dazugießen, etwa 5 Minuten bei starker Hitze kochen (Foto 3).

Tipp

Lasagne ist das ideale Gästeessen – sie kann komplett vorbereitet werden. Kommt sie ungebacken aus dem Kühlschrank in den Ofen, braucht sie aber mindestens 30 Minuten länger (geht sie gleich in den Ofen, sind die Saucen ja noch warm!). Fertig gebackene Lasagne braucht zum Aufwärmen bei 180 Grad eine knappe Stunde (Lasagne mit Backpapier abdecken), in der Mikrowelle geht's schneller. Um zu testen, ob die Temperatur stimmt, eine Rouladen-Nadel in die Mitte pieken – danach muss die Nadel heiß sein!

BÉCHAMELSAUCE

50 g Butter
50 g Mehl
600 ml Gemüsefond oder -brühe
100 g Schlagsahne
100 g frisch geriebener Parmesan-Käse
frisch geriebene Muskatnuss

— Gebratenes Gemüse und Lorbeer unterrühren, Tomaten dazugeben und alles etwa 15 Minuten bei mittlerer Hitze kochen (Foto 4).

— Oreganoblättchen abzupfen, fein hacken und unterrühren. Bolognese mit Salz, Pfeffer und Zucker abschmecken.

FÜR DIE BÉCHAMELSAUCE

— Butter in einem Topf zerlassen, das Mehl darin unter Rühren mit einem Holzlöffel anschwitzen, bis Butter und Mehl sich miteinander verbunden haben (Foto 5). Zimmerwarmen Fond nach und nach dazugießen, dabei kräftig rühren, damit keine Klümpchen entstehen (Foto 6–7). Unter ständigem Rühren mit einem Schneebesen bei kleiner Hitze etwa 3 Minuten kochen, bis die Sauce glatt und cremig ist (Foto 8).

— Hitze ausschalten, Sahne und die Hälfte des geriebenen Parmesans unterrühren und die Sauce mit Salz, Pfeffer und Muskat abschmecken (Foto 9). Sauce vom Herd nehmen.

FÜR DIE LASAGNE

— Den Backofen auf 200 Grad, Umluft 180 Grad, Gas Stufe 4 vorheizen.

— Den Boden einer Auflaufform (20 × 28 cm) mit 3 EL Béchamel bestreichen, die Form je nach Größe mit 3–4 Lasagneblättern auslegen (für runde und ovale Formen die Blätter passend zuschneiden, zwischen überlappende Blätter etwas Sauce streichen). Darauf gleichmäßig mit einem Löffel eine etwa 1 cm dicke Schicht Bolognese verstreichen. Einige EL Béchamel auf der Bolognese verteilen. Lasagneblätter darauflegen und so weiterschichten, bis alle Zutaten verbraucht sind, mit einer Schicht Blätter und Béchamel abschließen. Mit dem restlichen Parmesan bestreuen, die Butter in Flöckchen daraufsetzen.

— Auflaufform auf die untere Schiene des Backofens schieben und die Temperatur auf 180 Grad, Umluft 160 Grad, Gas Stufe 3 herunterschalten. 30 Minuten backen. Wird die Kruste zu dunkel, mit einem Stück Backpapier abdecken. Lasagne vor dem Anschneiden etwa 10 Minuten ruhen lassen.

Kürbislasagne
MIT KNUSPERKRUSTE

Samtig weiche Kürbis-Nudel-Schichten toppt eine Lage knackiger Brösel aus Toastbrot und Kürbiskernen. Ein echter Kracher!

ZUTATEN
5 Portionen, vegetarisch

1 kg Kürbis (z. B. Butternuss)
4 Zweige Thymian
2 Schalotten
75 g Butter
60 g Mehl
850 ml Milch
250 g Magerquark
feines Meersalz
frisch gemahlener Pfeffer
evtl. ½ TL geschrotete Chili
2 Scheiben Toastbrot
70 g Kürbiskerne
125 g Mozzarella-Käse (abgetropft; am besten Büffelmozzarella)
250 g Lasagneblätter

— Kürbis halbieren, schälen, das Fruchtfleisch entkernen und in dünne Scheiben schneiden. Thymian abspülen, trocken schütteln und fein hacken. Schalotten abziehen und fein würfeln.

— 60 g Butter in einem mittelgroßen Topf zerlassen. Schalotten und Thymian hineingeben und kurz braten. Das Mehl zufügen, dabei kräftig rühren und etwa 1 Minute andünsten. Die Milch nach und nach dazugießen und dabei mit einem Schneebesen glatt rühren. Aufkochen und unter Rühren etwa 3 Minuten köcheln lassen. Vom Herd nehmen und den Quark einrühren. Die Sauce mit Salz, Pfeffer und eventuell mit Chili würzen.

— Den Backofen auf 200 Grad, Umluft 180 Grad, Gas Stufe 4 vorheizen.

— Das Brot toasten und fein würfeln. Kürbiskerne in einer Pfanne ohne Fett rösten. Brotwürfel und die Hälfte der Kürbiskerne mischen. Beiseitestellen. Mozzarella in Scheiben schneiden.

— Lasagneblätter, Kürbisscheiben, restliche Kürbiskerne und die Sauce in eine eckige Auflaufform (etwa 2 l Inhalt) schichten. Dabei zwischendurch mit Salz und Pfeffer würzen. Mit Mozzarella, Sauce und Kürbis abschließen. Kürbiskernbrösel darüberstreuen. Restliche Butterflöckchen darauf verteilen.

— Die Lasagne mit Alufolie abdecken und im Ofen etwa 45 Minuten backen. Die Folie nach 30 Minuten abnehmen und die Kürbislasagne in den letzten 15 Minuten goldbraun überbacken.

Fertig in
1 Stunde 15 Minuten

Pro Portion
ca. 640 kcal, E 30 g, F 32 g, KH 59 g

Dazu frischer grüner Salat

Nudelauflauf

MIT MARONEN

Wenn der Sommer geht, kommen die Maronen. Und wenn die schon mal da sind, dürfen sie auch in diesen herrlich herbstlichen Auflauf

ZUTATEN

4 Portionen, vegetarisch

1 Zwiebel
1 EL Olivenöl
1 EL Tomatenmark
2 Dosen gehackte Tomaten (à 400 g)
150 ml trockener Rotwein oder Tomatensaft
feines Meersalz
½ TL Chilipulver
Zucker
1 Bund glatte Petersilie
200 g Provolone- oder Parmesan-Käse
1 Packung gekochte Maronen (250 g; küchenfertig vakuumverpackt)
350 g Nudeln (z. B. große Muschelnudeln / Conchiglioni)
frisch gemahlener Pfeffer

— Die Zwiebel abziehen und fein würfeln. Das Öl in einer Pfanne erhitzen und die Zwiebel darin anbraten. Das Tomatenmark unterrühren und kurz mitbraten. Tomaten aus der Dose und Rotwein dazugeben. Bei mittlerer Hitze etwa 20 Minuten köcheln lassen, dabei gelegentlich umrühren. Mit Salz, Chili und Zucker würzen.

— Petersilie abspülen, trocken schütteln und die Blätter fein hacken. Den Provolone-Käse grob raspeln, Maronen halbieren.

— Den Backofen auf 200 Grad, Umluft 180 Grad, Gas Stufe 4 vorheizen.

— Die Nudeln nach Packungsanweisung bis kurz vor Ende (etwa 1 Minute) kochen. Abgießen und kurz abtropfen lassen.

— Nudeln, Tomatensauce, Petersilie, Maronen und die Hälfte vom Käse mischen. Eventuell mit Salz und Pfeffer abschmecken.

— Die Nudelmischung in eine Auflaufform (etwa 2 l Inhalt) geben. Den restlichen Käse darüberstreuen. Im vorgeheizten Backofen etwa 25 Minuten knusprig überbacken.

Fertig in
1 Stunde 10 Minuten

Pro Portion
ca. 740 kcal, E 31 g,
F 28 g, KH 86 g

Info
Provolone ist ein würziger italienischer Hartkäse aus Rohmilch.

Auberginen-Moussaka

Moussaka geht auch vegetarisch, mit Auberginen, Kartoffeln, Tomaten und Mozzarella. Wem sollte da was fehlen?

ZUTATEN

4 Portionen, vegetarisch

4 Auberginen à 300 g
Salz
frisch gemahlener Pfeffer
etwa 8 EL Olivenöl
750 g Kartoffeln
1 Zwiebel
2 Knoblauchzehen
1 Packung Tomatenstückchen (370 g)
1 Bund Oregano
125 g Mozzarella
etwas geriebenen Gouda oder Emmentaler nach Belieben

▶ Die Auberginen putzen, abspülen, 2 davon in knapp 1 cm dicke Scheiben schneiden und mit Salz und Pfeffer würzen. Die Scheiben portionsweise am besten in einer beschichteten Pfanne in 5 EL Öl von beiden Seiten braun braten. Die gebratenen Scheiben auf Küchenkrepp abtropfen lassen.

▶ Die Kartoffeln schälen, abspülen, in dünne Scheiben schneiden (geht gut auf einem Gemüsehobel) und in Salzwasser 6 Minuten vorkochen. Kartoffelscheiben in einem Sieb abtropfen lassen.

▶ Restliche Auberginen in feine Würfel schneiden, salzen und etwa 5 Minuten ziehen lassen. Die Würfel mit Küchenkrepp gut trocken tupfen. Restliches Öl in einer Pfanne erhitzen und die Auberginenwürfel darin anbraten.

▶ Zwiebel und Knoblauch abziehen, würfeln, zu den Auberginen geben und kurz mit anbraten. Tomatenstückchen und gehackten Oregano dazugeben und alles etwa 5 Minuten schmoren lassen. Mit Salz und Pfeffer abschmecken.

▶ Den Backofen auf 180 Grad, Umluft 160 Grad, Gas Stufe 3 vorheizen.

▶ Abgetropften Mozzarella in Scheiben schneiden.

▶ Eine hohe ofenfeste Form (25 × 19 cm) mit einer Schicht Auberginenscheiben auslegen. Die Hälfte der Kartoffelscheiben darauf verteilen und etwa die Hälfte der Auberginen-Tomatensauce darauf verstreichen. Diesen Vorgang noch einmal wiederholen. Auflauf mit Mozzarellascheiben und restlichen Auberginenscheiben belegen und nach Belieben mit geriebenem Käse bestreuen. Mit Pfeffer würzen. Im Ofen etwa 30–40 Minuten backen.

Fertig in
1 Stunde 15 Minuten

Pro Portion
ca. 405 kcal, E 13 g,
F 25 g, KH 31 g

Pastinaken-Crumble

Der süßlichen Pastinake kann man viel Gutes tun,
etwa ihr Süßkartoffeln und Shiitake-Pilze zur Seite geben und sie mit
Mandelstreuseln überbacken

ZUTATEN

4 Portionen, vegetarisch

400 g Pastinaken
1 Möhre
1 Süßkartoffel (etwa 200 g)
Salz
1 Schalotte
150 g Shiitake-Pilze
60 g Butter
3–4 Zweige Thymian
frisch gemahlener Pfeffer
40 g Mehl
1 EL Crème fraîche
30 g Greyerzer-Käse
Fett für die Form

STREUSEL

40 g gesalzene Rauchmandeln
60 g weiche Butter
3–4 EL Mehl

— Pastinaken, Möhre und Süßkartoffel schälen, abspülen und in kleine Würfel schneiden. Die Gemüsewürfel in ½ Liter sprudelndes Salzwasser geben und 2–3 Minuten kochen lassen. Gemüse in einem Sieb abtropfen lassen und dabei das Kochwasser auffangen.

— Die Schalotte abziehen und fein würfeln. Pilze putzen, halbieren oder vierteln und zusammen mit den Schalottenwürfeln in 20 g heißer Butter unter Rühren 2–3 Minuten anbraten.

— Thymian abspülen, trocken tupfen, Blätter abzupfen und zu den Pilzen geben. Mit Salz und Pfeffer würzen und die abgetropften Gemüsewürfel unterrühren.

— Die restliche Butter in einem kleinen Topf zerlassen. Das Mehl unter Rühren darin andünsten. Unter ständigem Rühren nach und nach das aufgefangene Kochwasser unterrühren und die Sauce 5 Minuten bei kleiner Hitze kochen lassen.

— Crème fraîche und den frisch geriebenen Käse unterrühren und mit Salz und Pfeffer abschmecken.

— Die Sauce in eine gefettete Gratinform (Ø 28 cm) geben und verstreichen. Die Gemüse-Pilz-Mischung darauf verteilen.

— Den Backofen auf 200 Grad, Umluft 180 Grad, Gas Stufe 4 vorheizen.

FÜR DIE STREUSEL

— Mandeln im Blitzhacker fein mahlen. Butter, Mehl und gemahlene Mandeln mit den Fingern zu Streuseln verkneten. Wenn der Teig zu weich und klebrig ist, eventuell noch etwas mehr Mehl dazugeben. Die Streusel auf dem Gemüse verteilen und alles im Backofen 15–20 Minuten goldbraun überbacken.

Fertig in 1 Stunde

Pro Portion
ca. 490 kcal, E 9 g,
F 35 g, KH 36 g

Dazu Kartoffelstampf
mit gebratenem Speck!

Süßkartoffelauflauf

Hier ist ein raffiniertes Ofenexperiment mit Süßkartoffeln, Mais und Chili. Die Streusel oben drauf sind gemacht aus Chips und Mayonnaise

ZUTATEN

4 Portionen, vegetarisch

2 Süßkartoffeln (500 g)
1 Bund Lauchzwiebeln
1 Dose Mais (300 g)
1 rote Chilischote
Meersalz
frisch gemahlener Pfeffer
200 g Sahne zum Kochen
(15 % Fett)

KRUSTE

120 g Kartoffelchips
1 Knoblauchzehe
4 EL Salatmayonnaise
Fett für die Form

— Die Süßkartoffeln schälen, abspülen und in hauchdünne Scheiben hobeln.

— Den Backofen auf 200 Grad, Umluft 180 Grad, Gas Stufe 4 vorheizen.

— Lauchzwiebeln putzen, abspülen und in Ringe schneiden. Mais abtropfen lassen. Chilischote halbieren, Kerne entfernen und Schotenhälften fein hacken (mit Küchenhandschuhen arbeiten). Lauchzwiebeln, Mais und Chili mischen.

— Auf den Boden einer ovalen, ofenfesten gefetteten Form (etwa 30 × 20 cm Größe) die Hälfte der Süßkartoffelscheiben geben. Mit Salz und Pfeffer würzen. Die Gemüsemischung darauf verteilen und anschließend die restlichen Süßkartoffelscheiben darübergeben.

— Sahne mit Salz und Pfeffer würzen und darübergießen. Die Form mit Alufolie abdecken und den Auflauf im Ofen etwa 45 Minuten backen.

FÜR DIE KRUSTE

— Die Chips zerkrümeln. Knoblauch abziehen, hacken und zusammen mit der Mayonnaise unter die Chips rühren. Kartoffelchip-Streusel auf dem Auflauf verteilen. Ohne Folie im Ofen weitere 15 Minuten backen.

Fertig in
1 Stunde 25 Minuten

Pro Portion
ca. 515 kcal, E 9 g,
F 26 g, KH 61 g

Tipps

Wenn die Süßkartoffeln nicht in hauchdünne Scheiben gehobelt sind, müssen sie etwa 3 Minuten vorgekocht werden.

Süßkartoffeln, auch Bataten genannt, sind die zu Knollen verdickten Wurzeln einer kleinen buschigen Pflanze. Ihr Fleisch ist weißlich-gelb bis orange, hat einen hohen Stärkegehalt und schmeckt daher süßlich und etwas mehlig.

Braten und Geflügel

Ob ein ganzes Huhn gebraten wird oder Sie nur Teile davon schmoren. Ob es asiatisch oder orientalisch gewürzt ist, Sie eine Putenbrust füllen oder Entenkeulen glasieren – Ihr Ofen gibt jedem Geflügelgericht die ideale Wärme. Und wenn es etwas anderes sein soll: Auch ein Entrecôte, ein Kalbsrücken oder ein marinierter Schweinebraten werden hier zu einem saftigen Genuss! Sie können einfach dabei zuschauen und die Vorfreude auf ein gutes Essen auskosten. Oder Sie werfen einen Blick auf das fantastische Rezept für den Lammrollbraten in diesem Kochbuch!

Hähnchenkeulen
MIT RATATOUILLE-GEMÜSE

Falls es in diesem Sommer nicht nach Südfrankreich geht, holen Sie sich den Geschmack des Südens eben nach Hause. Ofen an, voilà

ZUTATEN
4 Portionen

2 kleine Zucchini
1 Aubergine
Salz
je 1 rote und gelbe Paprikaschote
500 g Flaschentomaten
1 kleine Gemüsezwiebel
1 Zweig Rosmarin
½ Bund Thymian
frisch gemahlener Pfeffer
4 EL Olivenöl
6 Hähnchenunterkeulen à etwa 170 g (am besten Bio)

— Zucchini und Aubergine putzen, abspülen und trocknen. Zucchini längs halbieren und in Scheiben schneiden. Aubergine längs vierteln oder sechsteln, in Scheiben schneiden und salzen.

— Paprika vierteln, Kerne und Trennwände entfernen. Paprika abspülen, trocknen und in Streifen schneiden. Tomaten abspülen, trocknen, halbieren und den Stielansatz herausschneiden. Tomatenfruchtfleisch in Stücke schneiden.

— Zwiebel abziehen, halbieren und in Streifen schneiden. Kräuter abspülen, trocknen und die Nadeln oder Blättchen abzupfen. Kräuter grob hacken.

— Den Backofen auf 200 Grad, Umluft 180 Grad, Gas Stufe 4 vorheizen.

— Aubergine abspülen und trocken tupfen. Vorbereitete Gemüsesorten und Kräuter mischen und in die Fettpfanne des Backofens geben. Mit Salz und Pfeffer würzen. Das Olivenöl darüberträufeln.

— Hähnchenkeulen abspülen, gut trocken tupfen und mit Salz und Pfeffer würzen. Auf das Gemüse legen und im Ofen etwa 45–50 Minuten braten. Hähnchenkeulen dabei von Zeit zu Zeit mit etwas Schmorfond aus der Fettpfanne bestreichen.

Fertig in
1 Stunde 20 Minuten

Pro Portion
ca. 645 kcal, E 52 g,
F 42 g, KH 14 g

Dazu Baguette

Geschmorte Hähnchenkeulen

Eine Idee, vier Würz-Varianten, ganz viel Genuss: Die Hähnchenkeulen schmoren entweder mit dem Aroma von Zitronen, Wein, Essig oder Joghurt

ZUTATEN
4 Portionen

1,2–1,5 kg Hähnchenober- und -unterkeulen (am besten Bio)
feines Meersalz
200 g kleine Schalotten
5 Knoblauchzehen
250 g Kirschtomaten
2 eingelegte Sardellen
½ Bund Thymian
1–2 EL Olivenöl
80 g große grüne Oliven
(abgetropft; mit Stein)

ZITRONEN-VARIANTE
100 ml frisch gepresster Zitronen- oder Limettensaft

WEIN-VARIANTE
200 ml trockener Weißwein, z. B. Riesling oder Silvaner

ESSIG-VARIANTE
8–10 EL Essig, z. B. Sherry- oder Apfelessig

JOGHURT-VARIANTE
250 g Vollmilchjoghurt
frisch gemahlener Pfeffer

— Hähnchenkeulen eventuell im Gelenk in Ober- und Unterkeulen zerteilen. Abspülen, trocken tupfen und mit Salz einreiben. Schalotten und Knoblauchzehen abziehen und ganz lassen. Tomaten abspülen, Stielansatz evtl. herausschneiden. Sardellen abspülen, trocken tupfen und sehr fein hacken. Thymian abspülen, trocken tupfen. Blättchen von den Stielen zupfen.

— Öl in einem Bräter erhitzen und die Hähnchenkeulen darin bei starker Hitze zunächst auf der Herdplatte goldbraun braten.

— Backofen auf 200 Grad, Umluft 180, Gas Stufe 4 vorheizen.

— Das vorbereitete Gemüse, Sardellen, Thymian und Oliven zu den Hähnchenkeulen geben.

— Je nach Wahl der Säure-Variante entweder Zitronensaft, Weißwein oder Essig dazugießen und etwa 5 Minuten bei starker Hitze kochen lassen. 300 ml Wasser dazugeben und nochmals aufkochen. Zugedeckt und bei mittlerer Hitze etwa 1 Stunde im Ofen schmoren lassen.

— Soll die Säure vom Joghurt sein, die Hälfte davon erst nach 45 Minuten unterrühren.

— 15 Minuten vor Ende der Garzeit das Hähnchen ohne Deckel schmoren, damit die Flüssigkeit etwas verdampft. Alles mit Salz und Pfeffer abschmecken.

— Für das Joghurt-Hähnchen den restlichen Joghurt extra dazureichen.

Fertig in
1 Stunde 20 Minuten

Pro Portion
ca. 650 kcal, E 57 g,
F 41 g, KH 7 g

Limetten-Ingwer-Hähnchen

Die Hähnchenstücke werden mit einer Honig-Ingwer-Chili-Mischung mariniert, nach dem Braten schmecken sie kalt oder warm

ZUTATEN

4 Portionen

2 Stängel Zitronengras
4 Chilischoten
1 Stück frischer Ingwer (4 cm)
4 Lauchzwiebeln
2–3 Knoblauchzehen
3 EL Honig
Saft von 3–4 Limetten (etwa 125 ml)
1 Brathähnchen (ca. 1,4 kg)
Meersalz
frisch gemahlener Pfeffer

— Das Zitronengras putzen, abspülen und fein hacken. Die Chilischoten abspülen, längs aufschneiden, entkernen und fein hacken. Den Ingwer schälen und in feine Würfel schneiden.

— Lauchzwiebeln putzen, abspülen und in feine Ringe schneiden. Knoblauch schälen und fein hacken. Alle vorbereiteten Zutaten, Honig und Limettensaft mit dem Stabmixer fein pürieren.

— Das Hähnchen in 4 oder 6 Stücke schneiden, abspülen, trocken tupfen und mit Salz und Pfeffer einreiben. Hähnchenteile in einen Bräter legen. Die Marinade darüberträufeln und alles für mindestens 1 Stunde, besser über Nacht, abgedeckt im Kühlschrank ziehen lassen.

— Den Backofen auf 200 Grad, Umluft 180 Grad, Gas Stufe 4 vorheizen.

— Mariniertes Hähnchen im Ofen etwa 1 Stunde braten. Das Fleisch dabei ab und zu mit etwas Marinade aus dem Bräter begießen.

— Herausnehmen und warm oder kalt servieren.

Ohne Wartezeit fertig in 1 Stunde 15 Minuten

Pro Portion
ca. 655 kcal, E 70 g, F 34 g, KH 15 g

Dazu Tomaten-Couscous oder Kichererbsensalat

Tipps

Statt einem ganzen Huhn kann man auch nur Hähnchenkeulen oder -brustfilets verwenden.

Wenn Gäste kommen, mehr Brathähnchen nehmen und die restlichen Zutaten erhöhen. Alles in der Fettpfanne des Backofens zubereiten. Da hinein passen etwa 3 Hähnchen. Auch die Bratzeit erhöht sich um etwa 25 Minuten. Vor dem Servieren prüfen, ob das Fleisch gar ist.

Coq à l'orange

Es muss nicht immer Wein sein. Baden Sie die Hähnchenbrust doch mal in Orangenlikör. Und verfeinern Sie ihr Aroma mit Rosmarin, Zwiebeln und grünen Oliven

ZUTATEN
4 Portionen

2 doppelte Hähnchenbrustfilets mit Haut (etwa 600 g; am besten Bio)
Salz
frisch gemahlener Pfeffer
1 junge frische Knoblauchzwiebel
2 kleine Gemüsezwiebeln
1 Prise gemahlener Anis
ca. 250 ml frisch gepresster Orangensaft
ca. 150 ml Orangenlikör (z. B. Angel d'Or)
1 kleiner Zweig Rosmarin
100 g entsteinte grüne Oliven (evtl. mit Mandeln gefüllt)
1 EL Olivenöl
1 EL Zucker
evtl. etwas Vollmilch
Edelsüß-Paprikapulver

Fertig in 1 Stunde

Pro Portion
ca. 400 kcal, E 38 g, F 8 g, KH 31 g

Dazu Gnocchi oder Bandnudeln

— Das Fleisch kalt abspülen und mit Küchenkrepp trocken tupfen. Mit Salz und Pfeffer einreiben und auf ein Backblech oder in einen Bräter legen.

— Den Backofen auf 180 Grad, Umluft 160 Grad, Gas Stufe 3 vorheizen.

— Die Knoblauchzwiebel und die Gemüsezwiebeln abziehen. Knoblauch und eine Zwiebel in Scheiben schneiden und zu den Filets aufs Blech legen. Die andere Gemüsezwiebel in dicke Spalten schneiden und beiseitestellen.

— Anis, 200 ml Orangensaft und Likör verrühren. Die Hähnchenfilets in den Backofen schieben und 15 Minuten braten. Den Rosmarinzweig abspülen, mit aufs Blech legen und nach und nach die Orangen-Likör-Mischung dazugießen.

— Nach weiteren 15 Minuten Bratzeit die abgetropften Oliven zum Fleisch geben und noch 10 Minuten weiterbraten.

— Inzwischen das Olivenöl in einer Pfanne erhitzen und die Zwiebelspalten darin anbraten. Mit dem Zucker bestreuen und unter Rühren karamellisieren lassen. 50 ml Orangensaft dazugießen und bei großer Hitze einkochen lassen. Zwiebelspalten mit einem Hauch Anis würzen.

— Zwiebelspalten, Hähnchenfilets und die Oliven auf einer Platte warm halten.

— Den Bratensud mit dem geschmorten Zwiebelgemüse vom Backblech in einen Mixer geben und alles grob pürieren. Eventuell noch etwas Orangensaft oder Milch dazugießen, damit eine sämige Gemüsesauce entsteht. Die Sauce mit Salz, Pfeffer und Paprika abschmecken und zu Fleisch und Oliven servieren.

Tipp

Für dieses Rezept am besten eine junge, ganz frische Knoblauchknolle nehmen. Wenn es nur noch getrockneten Knoblauch gibt, reichen 3 bis 5 Knoblauchzehen (halbiert und entkeimt).

Marokkanisches Zitronenhuhn

Ein Hauch von Safran weist den kulinarischen Weg ins Morgenland. Auch Salzzitrone und schwarze Oliven würzen das Huhn auf orientalische Art

ZUTATEN
4 Portionen

1 Brathähnchen (etwa 1,4 kg; am besten Bio)
Meersalz
Zitronenpfeffer
1 Zwiebel
2 Knoblauchzehen
1 Salzzitrone (Feinkosthandel; ersatzweise 1 Bio-Zitrone)
1 Briefchen Safran
2 EL Olivenöl
40 g Butter
80 g schwarze Oliven ohne Stein
½ Bund glatte Petersilie

Fertig in
1 Stunde 35 Minuten

Pro Portion
ca. 790 kcal, E 71 g,
F 55 g, KH 3 g

Dazu Couscous (evtl. mit Korinthen und gehackter Petersilie) oder Jasmin-Reis

— Das Hähnchen von innen und außen gründlich abspülen, trocken tupfen und in 6–8 Stücke zerteilen. Von innen und außen mit Meersalz und Zitronenpfeffer würzen.

— Zwiebel abziehen, halbieren und fein würfeln. Knoblauchzehen abziehen und durch eine Knoblauchpresse drücken. Salzzitrone vierteln, das Fruchtfleisch von der Schale schneiden. Schale abspülen, trocken tupfen und in Spalten schneiden. Das Fruchtfleisch nicht verwenden.

— Safran und 2 Prisen grobes Meersalz in einem Mörser fein zerstoßen.

— Den Backofen auf 200 Grad, Umluft 180 Grad, Gas Stufe 4 vorheizen.

— Das Öl in einer großen Pfanne erhitzen und die Hähnchenteile darin rundherum goldbraun anbraten. Gegen Ende der Bratzeit die Butter dazugeben und noch 2 Minuten bei kleiner Hitze weiterbraten. Das Fleisch aus der Pfanne nehmen und in die Tajine oder den Schmortopf legen.

— Knoblauch und Zwiebel in der Pfanne im Bratfett unter Wenden glasig dünsten. Das Safransalz und 400 ml kochendes Wasser verrühren und zu den Zwiebeln in die Pfanne gießen. Alles gut verrühren und die Zwiebelmischung dann über die Hähnchenstücke in der Tajine geben.

— Die Tajine schließen und in die Deckelspitze kaltes Wasser füllen. Tajine in den Backofen stellen und den Ofen auf 180 Grad, Umluft 160 Grad, Gas Stufe 3 herunterschalten. Das Zitronenhuhn etwa 1 Stunde backen. Nach 50 Minuten die Salzzitronen und die Oliven dazugeben.

— Petersilie abspülen, trocken schütteln und die Blätter fein hacken. Vor dem Servieren über die Hähnchenteile streuen.

Tipp

Eine Tajine ist ein nordafrikanisches Schmorgefäß aus Ton. Typisch dafür ist der spitze Deckel. Durch seine Kegelform verdichten sich die Aromen beim Garen besonders intensiv. Wer keine Tajine hat, gart das Zitronenhuhn im geschlossenen Bräter.

Brathähnchen

So einfach, so gut: Orange und Thymian garen im Hähnchen mit, die Haut würzen Curry und Paprika

ZUTATEN
4 Portionen

1 Brathähnchen (etwa 1,2–1,4 kg; am besten Bio)
Salz
1 Bio-Orange
½ Bund Thymian
60 g Butterschmalz
2 TL Edelsüß-Paprikapulver
1 TL mildes Currypulver
200 ml Hühnerbrühe (Instant)
150 g saure Sahne
2–3 EL heller Saucenbinder
etwas Zitronensaft
evtl. frischer Thymian für die Deko

Fertig in
1 Stunde 25 Minuten

Pro Portion
ca. 725 kcal, E 63 g,
F 49 g, KH 9 g

Dazu grüner Salat

— Vom Hähnchen den Bürzel (Fettdrüse am Schwanz) mit einer Küchenschere abschneiden. Das Hähnchen von innen und außen gründlich abspülen, trocken tupfen und salzen. Orange heiß abspülen, trocken tupfen und mehrfach mit einem Holzspieß anpieken. Thymian abspülen, trocken schütteln und die ganzen Stängel zusammen mit der Orange in die Bauchhöhle des Hähnchens geben.

— Den Backofen auf 220 Grad, Umluft 200 Grad, Gas Stufe 5 vorheizen.

— Die Hähnchenflügel mit Küchengarn auf dem Rücken, die Keulen vor der Bauchöffnung zusammenbinden. Das Hähnchen auf der Brustseite auf den Gitterrost des Backofens legen und die Fettpfanne mit etwa 200 ml Wasser gefüllt darunterschieben. Butterschmalz in einem kleinen Topf schmelzen und mit Paprika- und Currypulver verrühren. Hähnchen rundherum damit bestreichen. Im vorgeheizten Ofen etwa 20–30 Minuten braten.

— Hähnchen wenden und die Backofentemperatur auf 180 Grad, Umluft 160 Grad, Gas Stufe 3 herunterschalten. Das Hähnchen nochmals mit der Butterschmalz-Mischung bestreichen. Noch weitere 30 Minuten im Ofen braten.

— Das Hähnchen aus dem Ofen nehmen und abgedeckt etwa 10 Minuten ruhen lassen. Inzwischen die Brühe zu dem Bratfond in die Fettpfanne gießen. Mit einem Pinsel die Röststoffe von der Fettpfanne lösen, den Sud durch ein feines Sieb in einen kleinen Topf gießen.

— Saure Sahne unter den Sud rühren. Die Mischung aufkochen lassen, unter Rühren etwas Saucenbinder einstreuen und die Sauce damit binden. Mit Salz, Pfeffer und Zitronensaft abschmecken. Das Hähnchen auf einer Platte anrichten und eventuell mit Thymian dekorieren. Die Sauce extra dazureichen.

Senfhühnchen

Der Haut wird mit körnigem Senf eine Abreibung verpasst. Die Füllung ist aus Zitronen und Salbei – mehr braucht man nicht für viel Geschmack

ZUTATEN
4 Portionen

3 Bio-Zitronen
1 Bund frischer Salbei
(oder 1 Kräutertopf)
1 küchenfertiges Hähnchen
(etwa 1,5 kg; am besten Bio)
100 g Dijon-Senf
1 Knoblauchzwiebel

— Den Backofen auf 180 Grad, Umluft 160 Grad, Gas Stufe 3 vorheizen.

— Zitronen heiß abspülen und vierteln. Salbei abspülen und trocken tupfen (oder die Stiele vom Topf schneiden). Das Hähnchen abspülen, mit Küchenkrepp trocken tupfen und auf ein Backblech legen. Von innen mit Senf bestreichen. Einige Zitronenstücke und die Hälfte vom Salbei in die Bauchhöhle geben.

— Hähnchenhaut mit den Fingern etwas anheben und etwas Senf so gut wie möglich darunterstreichen. Die Haut dann von außen mit dem restlichen Senf rundherum dick einstreichen.

— Knoblauch, restliche Zitronenstückchen und Salbei um das Hähnchen herum auf das Backblech legen. Alles im Ofen auf der unteren Schiene etwa 1 Stunde 20 Minuten braten.

— Wenn das Hähnchen zu dunkel wird oder der Senf anfängt zu verbrennen, das Fleisch mit einem Bogen Backpapier abdecken.

— Zum Servieren das Hähnchen zerteilen und das Fleisch mit dem Saft der gerösteten Zitronen beträufeln. Die Knoblauchzehen und den Salbei vom Blech dazu servieren.

Fertig in
1 Stunde 35 Minuten

Pro Portion
ca. 680 kcal, E 77 g,
F 37 g, KH 9 g

Dazu Kartoffelgratin
oder Baguette und Salat

Glasierte Entenkeulen
MIT SAUCE

Die Entenkeulen werden mit einer Glasur aus Wein, Senf und Orangenmarmelade auf festlich getrimmt

ZUTATEN

4 Portionen

4 Entenkeulen (à etwa 300 g)
200 g Zwiebeln
130 ml trockener Weißwein
400–500 ml Entenfond (Glas)
2 Lorbeerblätter
120 g Orangenmarmelade
1 EL mittelscharfer Senf
frisch gemahlener Pfeffer
Salz
1–2 EL Mehl
1–2 EL weiche Butter

Fertig in
2 Stunden 30 Minuten

Pro Portion
ca. 715 kcal, E 76 g,
F 31 g, KH 26 g

Dazu Rotkohl und
gebratene Serviettenknödel

— Den Backofen auf 160 Grad, Umluft 140 Grad, Gas Stufe 2 vorheizen.

— Die Entenkeulen abspülen, trocken tupfen und in einen Bräter legen. Zwiebeln abziehen und grob würfeln. Zwiebeln, 100 ml Wein, Entenfond und Lorbeer kurz aufkochen und zu den Keulen in den Bräter gießen. Bräter schließen und das Fleisch im vorgeheizten Ofen etwa 1 Stunde 30 Minuten schmoren lassen.

— Den Ofen auf 200 Grad, Umluft 180 Grad, Gas Stufe 4 hochschalten. Den restlichen Wein, Marmelade, Senf und Pfeffer kurz aufkochen.

— Die Entenkeulen aus dem Schmorfond nehmen und mit Küchenkrepp trocken tupfen. Die Keulen auf ein Backblech legen und die Haut jeweils mit ½ TL Salz gut einreiben, dann mit der Marmeladenmischung bestreichen.

— Im Ofen weitere 20–30 Minuten knusprig braten. Falls die Haut noch nicht kross genug ist, die Keulen kurz unter dem heißen Grill oder auf der oberen Schiene des Backofens rösten. Dabei aufpassen, dass die Haut nicht zu dunkel wird. Keulen herausnehmen und mit Alufolie zugedeckt etwa 10 Minuten ruhen lassen.

— Inzwischen den Schmorfond durch ein Sieb gießen, eventuell kurz stehen lassen und das Fett abschöpfen. Fond wieder aufkochen. Mehl und Butter mit einer Gabel verkneten und in kleinen Flöckchen nach und nach mit einem Schneebesen in die kochende Sauce rühren. So viel Mehl-Butter-Flöckchen einrühren, bis die Sauce die richtige Konsistenz hat. Sauce noch etwa 10 Minuten kochen lassen, dann mit Salz und Pfeffer abschmecken. Zusammen mit den Entenkeulen servieren.

Tipp

Ein Klassiker zur Weihnachtszeit. Wenn Sie gefrorene Keulen verwenden, lassen Sie sie am besten über Nacht im Kühlschrank auftauen – das ist am hygienischsten.

Schweinebraten

Ein deftiges Highlight mit Sauce auch toll als ein Schmankerl fürs Buffet – und was übrig bleibt, kommt aufs Brot

ZUTATEN
4 Portionen

1,4 kg Schweinebraten mit Schwarte (am besten Bio; die Schwarte vom Fleischer gitterförmig einritzen lassen)
Salz
1–2 TL schwarze Pfefferkörner
1 TL getrocknete Rosmarinnadeln
150 g Knollensellerie
2 Möhren
2 Zwiebeln
2 Knoblauchzehen
1 EL Öl
1 TL Kümmelsaat
2 Lorbeerblätter
3 Nelken
¾ l Gemüsebrühe (Instant)
evtl. 1 EL heller Saucenbinder

— Den Backofen auf 240 Grad, Umluft 220 Grad, Gas Stufe 6 vorheizen.

— Das Fleisch abspülen und trocken tupfen. Salz, Pfefferkörner und Rosmarinnadeln im Mörser fein zerstoßen. Den Braten rundherum damit einreiben. Das Fleisch eventuell mit Küchengarn etwas in Form binden.

— Sellerie und Möhren putzen, abspülen und in Würfel schneiden.

— Zwiebeln und Knoblauch abziehen und in Streifen schneiden.

— Das Öl in einem Bräter erhitzen und den Braten darin rundherum goldbraun anbraten. Fleisch herausnehmen. Das vorbereitete Gemüse im Bräter braun anbraten. Fleisch und Gewürze dazugeben und die Gemüsebrühe dazugießen.

— Durch das Anbraten vom Fleisch und Gemüse entstehen Röststoffe, die der Sauce später ein kräftiges Aroma geben. Daher sollten Fleisch und Gemüse gut Farbe bekommen.

— Den Braten etwa 1 Stunde mit Deckel im Ofen schmoren lassen. Die Temperatur auf 200 Grad, Umluft 180 Grad, Gas Stufe 4 reduzieren und das Fleisch ohne Deckel weitere 50 Minuten braten.

— Das Fleisch herausnehmen und abgedeckt warm stellen. Den Bratfond durch ein Sieb gießen und eventuell für die Bindung der Sauce das Gemüse durch das Sieb streichen. Fond aufkochen, mit Salz und Pfeffer abschmecken und eventuell mit Saucenbinder andicken.

Fertig in
2 Stunden 20 Minuten

Pro Portion
ca. 410 kcal, E 40 g,
F 25 g, KH 6 g

Dazu Bohnenstampf, Gurkengemüse, Salzkartoffeln und Rotkohl

Tipp

Rotkohl aus dem Glas nach Anweisung zubereiten und mit etwas Orangenmarmelade und der Pfeffer-Rosmarin-Mischung vom Braten fein abschmecken.

Entrecôte

Wenn Sie selbst Ihre Mutter beeindrucken wollen, wir haben da was: ein feines Stück Rind über Rotweinzwiebeln gegart, dazu Pudding-Küchlein und Minz-Remoulade

ZUTATEN
6 Portionen

REMOULADENSAUCE
je ½ Bund Minze, glatte Petersilie und Dill
2 hart gekochte Eier
1 kleine Schalotte
2 Gewürzgurken
1–2 EL Mayonnaise
300 g Vollmilchjoghurt
Salz
frisch gemahlener Pfeffer

ENTRECÔTE
500 g kleine Zwiebeln
2 EL Butterschmalz
1 EL brauner Zucker
etwa 1,4 kg Entrecôte (ausgelöst, am besten Bio, beim Fleischer vorbestellen)
2 Knoblauchzehen
4 Zweige Rosmarin
450 ml trockener Rotwein (z. B. Bordeaux)

YORKSHIRE-PUDDING
200 g Mehl
½ TL feines Meersalz
3 Eier
1 Eigelb
250 ml Milch
Butterschmalz für die Förmchen

FÜR DIE REMOULADENSAUCE

— Minze, Petersilie und Dill abspülen, gut trocken schütteln und die Blättchen fein hacken. Die Eier schälen und fein hacken. Die Schalotte abziehen und in feine Würfel schneiden. Gewürzgurken ebenfalls fein würfeln. Alle Zutaten verrühren und die Sauce mit Salz und Pfeffer abschmecken. Bis zum Servieren zugedeckt kalt stellen.

FÜR DAS ENTRECÔTE

— Die Zwiebeln abziehen und eventuell halbieren. 1 EL Butterschmalz in einer Pfanne erhitzen und die Zwiebeln darin bei mittlerer Hitze etwa 15–20 Minuten braten. Dabei den Zucker darüberstreuen und die Zwiebeln mit Salz und Pfeffer würzen.

— Den Backofen auf 160 Grad, Umluft 140 Grad, Gas Stufe 2 vorheizen. Das Fleisch trocken tupfen und mit Salz rundherum einreiben. Knoblauchzehen schälen. Rosmarinzweige abspülen und trocken tupfen.

— Restliches Butterschmalz in einer ofenfesten Pfanne (am besten Gusseisen, Edelstahl oder Eisen) erhitzen, das Fleisch rundherum bei starker Hitze etwa 10 Minuten darin anbraten. Die ganzen Knoblauchzehen zufügen. Das Fleisch aus der Pfanne nehmen, mit frischem Pfeffer würzen, mit Rosmarinzweigen belegen und auf ein Rost legen.

— Gebratene Zwiebeln und Rotwein zum Knoblauch in die heiße Pfanne geben und aufkochen. Die Pfanne auf dem Backofenrost auf die untere Schiene im Backofen schieben und den Rost mit dem Fleisch darauflegen, sodass der Fleischsaft in die Pfanne tropft. Die Bratzeit beträgt etwa 1–1½ Stunden (je nachdem, wie durchgegart das Fleisch sein soll, siehe Tipp).

Tipp

Um zu sehen, wie gar das Fleisch ist, können Sie mit einem Fleisch-Thermometer die Temperatur im Fleischkern messen. Blutig (rare): 51–54 °C; medium: 60–65 °C; durchgebraten: 76–85 °C. Oder Sie machen den Fingerdrucktest: Je weniger das Fleisch nachgibt, um so besser ist es durchgebraten. Ist es so weich wie die Stelle unterhalb des Daumens, ist es noch blutig/rare. Fühlt es sich wie die Haut unterm Fingeransatz in der Handinnenfläche an, ist es medium. Durchgebraten ist das Fleisch, wenn es sich anfühlt wie die Mitte der Handinnenfläche.

Fertig in
2 Stunden 50 Minuten

Pro Portion
ca. 705 kcal, E 69 g,
F 27 g, KH 36 g

Dazu frischer Meerrettich und Blattsalat

← Das Fleisch und die Pfanne aus dem Ofen nehmen, gut abgedeckt noch 15–20 Minuten ruhen lassen und dabei warm halten.

FÜR DEN YORKSHIRE-PUDDING

← Mehl und Salz in eine Schüssel geben. Eier und Eigelb verrühren und mit den Quirlen des Handrührers unter das Mehl rühren. Milch und 135 ml Wasser nach und nach zum Teig gießen und zu einem dünnflüssigen Pfannkuchenteig verrühren. Abgedeckt mindestens 30 Minuten ruhen lassen.

← Wenn das Fleisch fertig gebraten ist und ruht, den Backofen auf 220 Grad, Umluft 200 Grad, Gas Stufe 5 hochschalten.

← Jeweils ½ TL Butterschmalz in die 12 Mulden einer Muffin-Backform geben. Die Form etwa 5 Minuten im heißen Backofen aufheizen lassen.

← Den Pfannkuchenteig umrühren und in die heißen Mulden gießen (sie sollten so heiß sein, dass es zischt, wenn der Teig hineinkommt).

← Auf der unteren Schiene im Ofen 20–25 Minuten backen, bis der Pudding schön goldbraun und locker gebacken ist. Am besten sofort mit dem Braten und der Sauce servieren, da der Pudding schnell wieder zusammensackt.

Lammrollbraten

Wenn das keine Verwicklung à la carte ist! Das Lammfleisch umhüllt Sardellen, Kapern, ordentlich Knoblauch und nicht wenig Salbei

ZUTATEN

4 Portionen

4 eingelegte Sardellen (Glas)
3 EL Kapern
7 Knoblauchzehen
1 EL Olivenöl
1 kg Lammrollbraten (Bauchlappen, küchenfertig vom Fleischer geschnitten; am besten Bio)
20 Salbeiblätter
Salz
frisch gemahlener Pfeffer
1½ EL Butterschmalz
500 ml Sauternes (Süßwein, Bordeaux-Region)
evtl. 2–3 TL Speisestärke

- Den Backofen auf 160 Grad, Umluft 140 Grad, Gas Stufe 2 vorheizen.

- Sardellen abspülen, trocken tupfen und hacken. Kapern abgießen. Knoblauch abziehen. Öl in einer Pfanne erhitzen, ganze Knoblauchzehen, Kapern und Sardellen bei mittlerer Hitze etwa 10 Minuten darin weich dünsten. Aus der Pfanne nehmen und alles feiner hacken.

- Das Fleisch ausbreiten und mit der Knoblauch-Sardellen-Mischung bestreichen. Kräftig mit Pfeffer würzen und 12 abgespülte Salbeiblätter darauf verteilen. Aufrollen und mit Küchengarn in Form zusammenbinden. Von außen mit Salz und Pfeffer würzen.

- 1 EL Butterschmalz in einem Bräter erhitzen und den Lammbraten darin rundherum goldbraun anbraten. Den Wein dazugießen, aufkochen und den Bräter in den Ofen auf die mittlere Schiene schieben. Etwa 1½–2 Stunden braten. Dabei das Fleisch von Zeit zu Zeit mit etwas Weinsud begießen. Aus dem Ofen nehmen und vor dem Anschneiden noch 15–20 Minuten zugedeckt ruhen lassen, dabei warm halten.

- Restliche Salbeiblätter im restlichen heißen Butterschmalz knusprig braten und über den Lammrollbraten streuen.

- Den Bratensud nochmals erhitzen und mit Salz und Pfeffer abschmecken. Wem die Sauce zu dünnflüssig ist, kann etwas Stärke und 1 EL Wasser verrühren und in die Sauce gießen. Unter Rühren nochmals kurz aufkochen. Sauce zusammen mit einer Beilage zum Fleisch reichen.

Fertig in
2 Stunden 50 Minuten

Pro Portion
ca. 725 kcal, E 55 g,
F 40 g, KH 37 g

Dazu passt Kartoffelpüree mit Röstzwiebeln

Kalbskotelettbraten

Das Geheimnis liegt in der Sauce? Wir verraten es gern:
Räucherspeck, Chili und ein strammer Schuss Portwein machen sie zur charakterstarken Begleitung für den Kalbsrücken

ZUTATEN

4 Portionen

2 Knoblauchzehen
6 Stängel Thymian
1,5 kg Kalbsrücken (Kotelettstrang am Knochen; am besten Bio)
Salz
frisch gemahlener Pfeffer
1 EL Butterschmalz

SAUCE

100 g geräucherter durchwachsener Speck (am besten Bio)
100 g Schalotten
1 rote Chilischote
1 EL Butterschmalz
1 Lorbeerblatt
1 gestrichener EL Tomatenmark
160 ml roter Portwein
650 ml Rinder- oder Bratenfond
1 gestrichener EL Mehl

 Fertig in 3 Stunden

 Pro Portion
ca. 815 kcal, E 117 g,
F 24 g, KH 17 g

 Dazu Kartoffelpüree

— Den Backofen auf 140 Grad, Umluft 120 Grad, Gas Stufe 1 vorheizen.

— Die Knoblauchzehen auf der Arbeitsfläche andrücken, die Schale entfernen. Thymianzweige abspülen und in kleinere Stücke schneiden. Das Fleisch abspülen, trocken tupfen und mit einem dünnen Messer mehrmals einstechen. Die kleinen Thymianzweige in die Einschnitte stecken. Den Braten rundherum mit Salz und Pfeffer einreiben.

— Das Butterschmalz in einem Bräter erhitzen und das Fleisch darin rundherum bei starker Hitze anbraten. Die Knoblauchzehen dazugeben. Den Bräter auf der mittleren Schiene in den Backofen einschieben und das Fleisch etwa 2–2½ Stunden braten. Nach dem Braten noch 15–20 Minuten zugedeckt ruhen lassen und dabei warm halten.

FÜR DIE SAUCE

— Speck klein würfeln. Schalotten abziehen und in Spalten schneiden. Chilischote abspülen, putzen und entkernen.

— Butterschmalz in einem kleinen Topf erhitzen. 20 g Speck, Schalotten, Chili und Lorbeer darin anbraten. Tomatenmark zufügen und unter Rühren etwa eine Minute mitrösten lassen. 150 ml Portwein dazugießen, aufkochen und etwa 5 Minuten bei starker Hitze ohne Deckel einkochen lassen.

— Den Fond dazugießen und aufkochen lassen. Mehl und restlichen Portwein zuerst glatt rühren und dann mit einem Schneebesen in die Sauce rühren. Weitere 20 Minuten bei mittlerer Hitze ohne Deckel kochen lassen (ergibt etwa 600 ml Sauce). Mit Salz und Pfeffer kräftig abschmecken. Eventuell das Lorbeerblatt und die Chilischote aus der Sauce entfernen.

Tipp

Die Sauce wird besonders raffiniert mit Schokolade. Dafür 80 g Zartbitter-Schokolade hacken und kurz vor dem Servieren in die heiße Sauce rühren. Sauce nicht mehr kochen lassen, die Schokolade wird sonst flockig.

Lammbraten

Lammkeule gegart mit Kartoffeln und Tomaten ist ein schlichter Genuss.
Die Rotwein-Schalotten-Reduktion macht sie zum Festtagsmahl

ZUTATEN
6 Portionen

3 Knoblauchzehen
3 EL getrocknete Kräuter der Provence
4 EL flüssiger Honig
feines Meersalz
frisch gemahlener Pfeffer
1 EL Olivenöl
4 EL weiche Butter
1 Lammkeule mit Knochen (etwa 2,5 kg)
750 g kleine Kartoffeln
500 g Kirschtomaten, möglichst an der Rispe
180 g Schalotten
600 ml trockener Rotwein
1–2 EL Mehl

— Knoblauch abziehen und grob hacken. Kräuter und Knoblauch in einem Mörser fein zerstampfen. Honig, Salz, Pfeffer, Öl und 3 EL Butter unter die Gewürzmischung rühren. Lammkeule abspülen und trocken tupfen. Fleisch rundherum mit der Paste einstreichen und abgedeckt über Nacht kalt stellen.

— Das Fleisch aus dem Kühlschrank nehmen und in die Fettpfanne legen. Etwa 1 Stunde bei Zimmertemperatur stehen lassen, damit das Fleisch nicht zu kalt in den Backofen kommt.

— Den Backofen auf 160 Grad, Umluft 140 Grad, Gas Stufe 2 vorheizen.

— Die Lammkeule auf der unteren Schiene in den Backofen schieben, 150 ml heißes Wasser dazugießen. Etwa 3 Stunden braten, dabei nach und nach 750 ml heißes Wasser dazugießen. Falls die Keule zu dunkel wird, mit Backpapier abdecken.

— Kartoffeln abspülen und trocken tupfen (dickschalige schälen), große Kartoffeln halbieren. Tomaten an der Rispe abspülen. Etwa 45 Minuten vor Ende der Garzeit Kartoffeln und Tomaten zur Lammkeule auf das Blech geben und mitschmoren.

— Schalotten abziehen. Lammkeule aus dem Ofen nehmen und gut mit Alufolie abgedeckt etwa 20 Minuten ruhen lassen. Kartoffeln und Tomaten im ausgeschalteten Ofen warm halten.

— Den Bratsud vom Blech durch ein Sieb in einen Topf gießen. Wein und Schalotten dazugeben und alles bei starker Hitze aufkochen. Restliche Butter und Mehl verkneten und so viele Flöckchen davon nach und nach in die kochende Sauce rühren, bis sie die richtige Konsistenz hat. Etwa 15 Minuten bei mittlerer Hitze kochen, dann mit Salz und Pfeffer abschmecken.

— Lammfleisch in Scheiben schneiden und zusammen mit den Kartoffeln, Tomaten und der Schalottensauce servieren.

Ohne Wartezeit fertig in 4 Stunden

Pro Portion
ca. 710 kcal, E 42 g,
F 37 g, KH 34 g

Tipp

Fleisch sollte am besten Zimmertemperatur haben, bevor es in die Pfanne oder den Backofen geht.

Kalbsrücken

MIT ROSMARIN-SENF-KRUSTE

Die Kruste aus Dijon-Senf und Rosmarin gibt beim Garen herrliche Aromen ans Kalb ab, auch die Süßkartoffeln und Äpfel profitieren davon

ZUTATEN

6 Portionen

2 kg Kalbsrücken mit Knochen (Kotelettstrang)

KRUSTE
6 kleine Zweige Rosmarin
1 Bio-Zitrone
6 EL Dijon-Senf
2 EL Honig
50 g gemahlene Mandeln
Salz
frisch gemahlener Pfeffer

GEMÜSE
600 g Süßkartoffeln
4 rote Zwiebeln
4 EL Olivenöl
3 säuerliche Äpfel
¼ l Portwein oder roter Traubensaft
400 ml Kalbsfond

FÜR DIE KRUSTE

— Den Rosmarin abspülen und trocken schütteln. Von der Hälfte der Zweige die Nadeln abstreifen und hacken. Zitrone heiß abspülen, trocken tupfen und die Schale fein abreiben. Gehackten Rosmarin, abgeriebene Zitronenschale, Senf, Honig, Mandeln verrühren und mit Salz und Pfeffer würzen.

FÜR DAS GEMÜSE

— Die Süßkartoffeln schälen, abspülen und in grobe Stücke schneiden. Die Zwiebeln abziehen und in Spalten schneiden.

— Den Backofen auf 180 Grad oder Gas Stufe 3 vorheizen. Umluft ist hier nicht empfehlenswert!

— Das Fleisch abspülen, gut trocken tupfen und mit Salz und Pfeffer würzen. Das Olivenöl in einem großen Bräter oder in einer großen Pfanne erhitzen. Fleisch im heißen Öl rundherum kräftig braun anbraten, das dauert etwa 8–10 Minuten. Den Braten anschließend herausnehmen und etwas abkühlen lassen.

— Zwiebeln und Süßkartoffeln im Bratfett etwa 5 Minuten anbraten. Fleisch mit der Senfmischung für die Kruste bestreichen. Äpfel abspülen, vierteln und das Kerngehäuse herausschneiden.

— Das Fleisch in den Bräter legen. Angebratenes Gemüse, Äpfel und die restlichen Rosmarinzweige dazugeben und alles mit Salz und Pfeffer würzen. Portwein und Fond dazugießen und den Bräter in den Ofen schieben.

— Die Backofentemperatur auf 140 Grad, Gas Stufe 1 herunterschalten und das Fleisch und Gemüse etwa 80–90 Minuten schmoren lassen.

— Das Fleisch herausnehmen und etwa 10 Minuten in Alufolie gewickelt ruhen lassen. Fleisch zuerst vom Knochen lösen und dann in Scheiben geschnitten mit dem Gemüse servieren.

Fertig in
2 Stunden 15 Minuten

Pro Portion
ca. 660 kcal, E 44 g,
F 30 g, KH 42 g

Pizza, Tartes und Quiches

Man nehme einen Teigboden und belege ihn mit allem, wonach der Sinn steht. Was einfach klingt, ist tatsächlich so leicht – Ziegenkäse-Quiche, Fenchel-Pizza, Lachs-Tarte und Zwiebelkuchen treten den Beweis an. Oder wickeln Sie den Teig zum Strudel, mit Pilzen darin. Wenn Sie experimentieren wollen, machen wir Ihnen auch das leicht, haben wir doch ein Rezept für den ultimativen Grundteig, das all Ihren Ideen den Boden bereitet

Pizza Salmone

LACHS-PIZZA FRISCH BELEGT

Gebacken wird nur die Grundpizza, der Belag kommt später drauf. Ideal für Gäste, denn jeder kann sich seine Stückchen ganz nach Geschmack belegen.

ZUTATEN
2 Stück

TEIG
250 g Mehl (Type 550)
½ Würfel Hefe (21 g)
½ TL Zucker
1 TL Salz
1½ EL Olivenöl
Mehl zum Ausrollen

TOMATENSUGO
1 Knoblauchzehe
1 Dose gewürfelte Tomaten (400 g)
Meersalz
frisch gemahlener Pfeffer

BELAG
½ Bio-Zitrone
125 g Mascarpone
40 g frisch geriebener Parmesan-Käse
150 g dünn geschnittener geräucherter Lachs
40 g Rauke
2 EL Kapernäpfel
1 EL Olivenöl

FÜR DEN TEIG

▶ Mehl in eine Schüssel geben und eine Mulde eindrücken. 160 ml Wasser erwärmen. 4 EL davon, zerbröckelte Hefe und Zucker in die Mulde geben, zu einem Brei verrühren und mit etwas Mehl bedecken. Abgedeckt an einem warmen Ort etwa 20 Minuten gehen lassen.

▶ Salz, Öl und restliches lauwarmes Wasser zufügen und alles zuerst mit den Knethaken des Handrührers, dann mit den Händen etwa 10 Minuten zu einem geschmeidigen Teig verkneten. Teig zu einer Kugel formen und abgedeckt an einem warmen Ort mindestens 2 Stunden gehen lassen.

FÜR DEN BELAG

▶ Knoblauch abziehen und hacken. Knoblauch, Tomaten mit der Flüssigkeit, Salz und Pfeffer im offenen Topf etwa 10 Minuten dicklich einkochen lassen.

▶ Zitrone heiß abspülen, trocken tupfen und ½ TL Schale fein abreiben. Saft auspressen. Mascarpone, Parmesan, Zitronenschale, 2 EL Zitronensaft, Salz und Pfeffer verrühren.

▶ Den Teig noch einmal kräftig mit den Händen durchkneten, in 2 Portionen teilen und jeweils auf wenig Mehl zu einem Fladen (Ø 25 cm) ausrollen. Teigfladen auf mit Backpapier ausgelegte Backbleche legen. Zuerst das Tomatensugo, dann die Mascarponecreme darauf verteilen und noch einmal 20 Minuten gehen lassen.

▶ Den Backofen auf 250 Grad, Umluft 230 Grad, Gas Stufe 6–7 vorheizen. Pizzen nacheinander auf der untersten Schiene etwa 15–20 Minuten backen.

▶ Die frisch gebackenen Pizzen mit Lachs, abgespülter Rauke und Kapernäpfeln belegen und mit Olivenöl beträufeln.

 Ohne Wartezeit fertig in 45 Minuten

 Pro Stück
ca. 980 kcal, E 41 g, F 47 g, KH 96 g

Tipp

Tolle Belagvarianten sind:

Tomaten und Mozzarella, gleichmäßig gewürfelt, mit Meersalz und Pfeffer gewürzt. Und mit in Streifen geschnittenem Basilikum gemischt.

Artischockenherzen, Brunnenkresse, Schafkäse, rosa Pfeffer, gebratener Pulpo, geschnittener Radicchio-Salat, gehobelter Parmesan-Käse.

Frische Feigenviertel, Salatstreifen, Pancetta und Pinienkerne.

Pissaladière

Heimat dieses Zwiebelkuchens mit Sardellen, Paprika und Oliven ist Nizza. Bekannt ist er weit über die Stadt hinaus – und schmeckt auch im hohen Norden

ZUTATEN
12 Stücke

HEFETEIG
20 g frische Hefe (½ Würfel)
500 g Mehl
Salz
Mehl zum Bearbeiten

BELAG
1 kg Gemüsezwiebeln
1 rote Paprikaschote
3 EL Olivenöl
frisch gemahlener Pfeffer
5 Stiele Thymian
12 Sardellenfilets (in Öl)
100 g schwarze Oliven (ohne Stein)
3 Stiele glatte Petersilie

FÜR DEN HEFETEIG

— 300 ml lauwarmes Wasser in eine Schüssel gießen, die zerbröckelte Hefe darin unter Rühren auflösen. Mehl daraufsieben, ½ TL Salz dazugeben. Alles erst mit den Knethaken des Handrührers, dann mit den Händen zu einem glatten Teig verkneten. Den Teig auf einer leicht bemehlten Arbeitsfläche in 10–15 Minuten geschmeidig kneten, dann in eine Schüssel legen. Bei Zimmertemperatur 1–1½ Stunden abgedeckt gehen lassen.

FÜR DEN BELAG

— Zwiebeln schälen und in feine Streifen schneiden. Paprika vierteln, putzen, abspülen und in feine Streifen schneiden. Das Öl in einer großen Pfanne erhitzen, die Zwiebeln darin bei mittlerer bis starker Hitze 15–20 Minuten goldbraun braten. Mit Salz und Pfeffer würzen und abkühlen lassen.

— Thymian abspülen, trocken schütteln, Blätter abzupfen und fein hacken. Thymian und Paprika unter die Zwiebeln mischen. Sardellenfilets abtropfen lassen und trocken tupfen. Backofen auf 220 Grad, Gas Stufe 5 vorheizen (Umluft nicht empfehlenswert).

— Den Teig nochmals kurz mit den Händen kneten und auf einer bemehlten Arbeitsfläche etwa 3 mm dünn zu einem großen Fladen ausrollen. Den Fladen auf ein mit Backpapier ausgelegtes Backblech legen und mehrmals mit einer Gabel einstechen. Den Belag auf dem Fladen verteilen. Die Oliven auf die Zwiebeln streuen.

— Im Ofen auf der unteren Schiene etwa 20 Minuten backen. Petersilie abspülen, trocken schütteln, die Blätter abzupfen und fein hacken. Kuchen aus dem Ofen nehmen und mit den Sardellenfilets belegen. Mit etwas Pfeffer und der gehackten Petersilie bestreuen. Kuchen schräg in Stücke schneiden und servieren.

Ohne Wartezeit fertig in 2 Stunden

Pro Stück
ca. 230 kcal, E 7 g, F 7 g, KH 35 g

Tipps

Wer es lieber vegetarisch mag, verzichtet auf die Sardellen.

Den Teig zum Gehen am besten mit Frischhaltefolie oder einer Schüssel abdecken, damit die Oberfläche nicht antrocknet.

Orangenpizza

Machen wir einen kulinarischen Ausflug ans Mittelmeer,
mit schwarzen Oliven und Feta auf einem Hefefladen, dem Orangenmarmelade
milde Süße schenkt

ZUTATEN
2 Pizzen, vegetarisch

TEIG
300 g Mehl
½ Würfel frische Hefe (21 g)
1 TL Zucker
Salz
3 EL Olivenöl
2 EL entsteinte grüne Oliven
Mehl zum Bearbeiten

BELAG
3 EL Orangenmarmelade
4 EL Crème fraîche
1 Päckchen Feta-Schafkäse (200 g)
½ Bund glatte Petersilie
100 g schwarze entsteinte Oliven
4 EL Olivenöl (extra vergine)
Meersalz zum Bestreuen

FÜR DEN TEIG

— 2 EL Mehl, zerbröckelte Hefe, Zucker und 5 EL lauwarmes Wasser zu einem »Vorteig« verrühren. Den Teig etwa 20 Minuten an einem warmen Ort stehen lassen, bis er Blasen wirft. Diesen Vorteig zum restlichen Mehl geben. 225 ml lauwarmes Wasser, 1–2 gute Prisen Salz und das Öl dazugeben und zu einem glatten Teig verkneten. Den Teig zugedeckt etwa 1 Stunde an einem warmen Ort gehen lassen, bis sich das Teigvolumen etwa verdoppelt hat.

— Die grünen Oliven fein hacken und mit den Händen unter den Teig kneten. Teig halbieren und auf wenig Mehl zu 2 dünnen Fladen ausrollen.

FÜR DEM BELAG

— Die Teigfladen auf mit Backpapier ausgelegte Backbleche legen und zuerst mit Orangenmarmelade, dann mit Crème fraîche bestreichen.

— Den Backofen auf 220 Grad, Umluft 200 Grad, Gas Stufe 5 vorheizen.

— Den Schafkäse auf der Rohkostreibe grob raffeln und die Pizzen damit bestreuen. Die Teigfladen nochmals 10 Minuten gehen lassen.

— Die Petersilie abspülen, trocken schütteln, die Blätter abzupfen und zusammen mit den halbierten schwarzen Oliven auf die Pizzen streuen.

— Das Olivenöl darüberträufeln und die Pizzen nacheinander auf der unteren Schiene des Backofens etwa 20–25 Minuten backen, bis der Teig goldgelb und knusprig ist.

— Mit Meersalz bestreuen und sofort servieren.

Ohne Wartezeit fertig in 45 Minuten

Pro Portion
ca. 735 kcal, E 21 g,
F 42 g, KH 68 g

Tipp

Eine Pizza reicht übrigens für zwei Personen.

Fenchelpizza

Der Hefeteig wird ganz dünn ausgerollt. Darauf kommt Salsiccia, die italienische Fenchelwurst, die perfekt zum Gemüsebelag passt.

ZUTATEN
2 Stück

HEFETEIG
250 g Mehl (Type 550)
½ Würfel Hefe (21 g)
½ TL Zucker
1 TL Salz
1½ EL Olivenöl
Mehl zum Ausrollen

BELAG
2 Fenchelknollen
100 g Crème fraîche
2 ungebrühte ital. Bratwürste mit Fenchel (z. B. Salsiccia, oder grobe Bratwurst)
grob gestoßener weißer Pfeffer
Salz

FÜR DEN HEFETEIG

— Mehl in eine Schüssel geben, eine Mulde hineindrücken. 160 ml Wasser erwärmen. 4 EL davon, zerbröckelte Hefe und Zucker in die Mulde geben, mit etwas Mehl vom Mehlrand zu einem Brei verrühren, etwas Mehl über den Brei stäuben. Abgedeckt an einem warmen Ort etwa 20 Minuten gehen lassen.

— Salz, 1 EL Öl und restliches lauwarmes Wasser zufügen. Alles zuerst mit den Knethaken des Handrührers, dann mit den Händen etwa 10 Minuten lang zu einem glatten geschmeidigen Teig verkneten und zu einer Kugel formen. Mit dem restlichen Öl bestreichen und abgedeckt an einem warmen Ort mindestens 1 Stunde gehen lassen, bis sich das Volumen etwa verdoppelt hat.

FÜR DEN BELAG

— Fenchel putzen, halbieren, den Strunk herausschneiden, das Fenchelgrün beiseitelegen. Fenchel in hauchdünne Scheiben schneiden und salzen. Hefeteig noch einmal mit den Händen durchkneten und in 2 Portionen teilen. Jede Portion auf wenig Mehl zu einem dünnen Fladen (Ø 25 cm) ausrollen, auf mit Backpapier ausgelegte Backbleche legen und mit Crème fraîche bestreichen.

— Fenchel in ein Sieb geben, kalt abspülen und gut abtropfen lassen. Pizzen mit dem Fenchel belegen. Das Wurstbrät als kleine Stückchen aus der Pelle direkt auf die Pizzaböden drücken und verteilen. Pizzen mit Pfeffer und wenig Salz würzen. Den Teig noch einmal etwa 10 Minuten gehen lassen.

— Den Backofen auf 250 Grad, Umluft 230 Grad, Gas Stufe 6–7 vorheizen. Die Pizzen nacheinander im vorgeheizten Backofen auf der unteren Schiene etwa 15–20 Minuten backen. Das Fenchelgrün in Stückchen zupfen und kurz vor dem Servieren über die heißen Pizzen streuen.

Ohne Wartezeit fertig in 50 Minuten

Pro Portion
ca. 525 kcal, E 17 g, F 29 g, KH 49 g

Quiche Lorraine

Ach, herrlich: Ein Speckkuchen, der mal nichts anderes sein möchte als großartig und unglaublich lecker – was ihm lässig gelingt

ZUTATEN
8 Stücke

TEIG
175 g Mehl
Salz
90 g weiche Butter oder Margarine
Fett für die Form

FÜLLUNG
1 EL Butter
150 g Schinkenspeckwürfel
1 kleine Stange Porree
1 Schalotte
80 g Hartkäse (z. B. Comté, Greyerzer, Bergkäse)
½ Bund Schnittlauch
125 g Schlagsahne
1/8 l Milch
1 Ei
1 Eigelb
frisch gemahlener Pfeffer
frisch geriebene Muskatnuss

Ohne Wartezeit fertig in 1 Stunde 15 Minuten

Pro Stück
ca. 310 kcal, E 11 g, F 22 g, KH 18 g

FÜR DEN TEIG

← Mehl, Salz, Fett und 1–2 EL kaltes Wasser zuerst mit den Knethaken des Handrührers, dann mit den Händen schnell zu einem glatten Teig verkneten. Teig zu einer Kugel formen und in Frischhaltefolie gewickelt für mindestens 30 Minuten kalt stellen.

← Den Backofen auf 220 Grad, Umluft 200 Grad, Gas Stufe 5 vorheizen.

← Boden und Rand einer gefetteten Spring- oder Pie-Form (Ø 24 cm) mit dem ausgerollten Teig auslegen und mit einer Gabel mehrmals einstechen.

← Den Teig im Backofen etwa 10 Minuten vorbacken.

FÜR DIE FÜLLUNG

← Butter in einer Pfanne erhitzen und die Schinkenspeckwürfel darin bei kleiner Hitze ausbraten.

← Porree putzen, abspülen und in Ringe schneiden. Schalotte abziehen, würfeln und zusammen mit dem Porree zu den Speckwürfeln ins Bratfett geben. Alles kurz dünsten und etwas abkühlen lassen. Käse grob raspeln. Schinken-Porreemischung und Käse auf dem Teig verteilen.

← Schnittlauch abspülen, trocken schütteln und in feine Röllchen schneiden. Schlagsahne, Milch, Ei, Eigelb, Salz, Pfeffer, Muskat und Schnittlauch mit einem Schneebesen verquirlen und über die Porreemischung gießen.

← Die Backofentemperatur auf 200 Grad, Umluft 180 Grad, Gas Stufe 4 herunterschalten und die Quiche etwa 40 Minuten backen. Eventuell zwischendurch mit Backpapier abdecken, damit sie nicht zu dunkel wird.

Ziegenkäsequiche
MIT PAPRIKA

So schön bunt: Rote und gelbe Paprika zieren cremeweißen Ziegenkäse. Das Farbtrio rahmt den zart gebräunten Blätterteig

ZUTATEN
4 Portionen
vegetarisch

275 g Blätterteig (aus dem Kühlregal)
Fett für die Formen
getrocknete Hülsenfrüchte zum Vorbacken

BELAG
je 1 gelbe und rote Paprikaschote
300 g Ziegenfrischkäse
2 EL Schmand
2 Eier
Salz
frisch gemahlener Pfeffer
3–4 Zweige Thymian (ersatzweise 1 TL gerebelter Thymian)

— Den Backofen auf 200 Grad, Umluft 180 Grad, Gas Stufe 4 vorheizen.

— 4 kleine ofenfeste Formen (Ø etwa 12 cm) oder eine große Springform (Ø etwa 28 cm) ausfetten. Blätterteig entrollen und eventuell vierteln. Die jeweilige(n) Form(en) mit dem Teig auslegen. Auf den Teig Backpapier legen und die Hülsenfrüchte einfüllen. Im Ofen auf der unteren Schiene etwa 10 Minuten vorbacken.

FÜR DEN BELAG

— Paprika vierteln, putzen, abspülen und klein würfeln. Käse, Schmand und Eier verrühren und mit Salz und Pfeffer würzen.

— Hülsenfrüchte und Papier von der Quiche nehmen. Käsecreme auf dem Teig verstreichen. Paprika darauf verteilen und mit Salz und Pfeffer würzen.

— Quiche mit frischem oder gerebeltem Thymian bestreuen und im Ofen etwa 10 Minuten auf der unteren Schiene fertig backen.

Fertig in 30 Minuten

Pro Portion
ca. 495 kcal, E 15 g, F 36 g, KH 25 g

Porreetarte

MIT ZIEGENFRISCHKÄSE

Haben Sie Porree schon mal mit Koriander und Limette asiatisch aufgepeppt? Manchego und Ziegenkäse bilden die Basis

ZUTATEN
8 Stücke, vegetarisch

TEIG
225 g Mehl
1 gute Messerspitze Salz
125 g kalte Butter
1 Ei
Mehl zum Ausrollen
Fett für die Form

BELAG
500 g Porree
1 Limette
1 Bund Koriander
50 g Manchego-Käse oder Parmesan
150 g Ziegenfrischkäse
2 Eier
1 Eigelb
frisch gemahlener Pfeffer
1–2 EL Olivenöl zum Bestreichen

FÜR DEN TEIG

— Mehl und Salz mischen. Die Butter in kleinen Flöckchen, 2 EL kaltes Wasser und das Ei dazugeben. Alles zunächst mit den Knethaken des Handrührers, dann mit den Händen schnell zu einem glatten Teig verkneten. Gut in Folie wickeln und für mindestens 30 Minuten kalt stellen.

FÜR DEN BELAG

— Porree putzen, abspülen, in etwa 2,5 cm lange Stücke schneiden und in einem Siebeinsatz in einen Topf mit kochendem Wasser hängen. Porree zugedeckt im Dampf etwa 5 Minuten garen.

— Limette heiß abspülen, trocken tupfen und die Schale fein abreiben. Koriander abspülen, trocken schütteln, Blättchen abzupfen und grob hacken. Manchego fein reiben. Ziegenkäse, Eier, Eigelb, Limettenschale, Koriander und Manchego gut verrühren und mit Salz und Pfeffer kräftig abschmecken.

— Den Backofen auf 200 Grad, Umluft 180 Grad, Gas Stufe 4 vorheizen.

— Etwa zwei Drittel des Teiges auf wenig Mehl in Größe der Tarte-Form (Ø 24 cm) zu einem Teigfladen ausrollen. In die gefettete Form legen und mit einer Gabel mehrmals einstechen. Im Backofen auf der unteren Schiene 13–15 Minuten vorbacken. Kurz abkühlen lassen.

— Den restlichen Teig zu einer langen Rolle formen, rundherum auf den vorgebackenen Teig an den Formrand legen und fest andrücken. Die Käse-Ei-Mischung in die Form gießen und die Porreestücke darauf verteilen. Porree mit etwas Olivenöl bestreichen.

— Die Tarte bei gleicher Temperatur auf der unteren Schiene im Backofen gut 25–30 Minuten backen.

Ohne Wartezeit fertig in 1 Stunde 15 Minuten

Pro Stück
ca. 345 kcal, E 11 g, F 23 g, KH 22 g

Tipp

Wenn Sie gern Fleisch essen, passt Pancetta gut dazu; einfach 8 dünne Scheiben in einer Pfanne knusprig ausbraten, abkühlen lassen und über die Tarte bröseln.

Zwiebelkuchen

So ein an Räucherspeck reicher Herbstklassiker macht mit roten Zwiebeln optisch gleich noch mal mehr her

ZUTATEN
12 Stücke

HEFETEIG
500 g Mehl
300 ml Milch
½ Würfel frische Hefe (21 g)
60 g Butter
½ EL Salz
Mehl zum Bearbeiten

BELAG
1,2 kg rote Zwiebeln
200 g geräucherter durchwachsener Speck
350 g saure Sahne
4 Eier
Salz
frisch gemahlener Pfeffer
frisch geriebene Muskatnuss

FÜR DEN HEFETEIG

▸ Mehl in eine Schüssel geben und in die Mitte eine Mulde drücken. Die Hefe in der Hälfte der lauwarmen Milch auflösen und in die Mehlmulde gießen. Abgedeckt an einem warmen Ort etwa 30 Minuten gehen lassen.

▸ Die Butter in der restlichen Milch schmelzen lassen und lauwarm mit dem Salz in die Schüssel geben. Mit den Knethaken des Handrührers oder in der Küchenmaschine zu einem glatten Teig verkneten. Den Teig abgedeckt an einem warmen Ort mindestens 1 Stunde gehen lassen.

▸ Den Backofen auf 200 Grad, Umluft 180 Grad, Gas Stufe 4 vorheizen.

FÜR DEN BELAG

▸ Die Zwiebeln abziehen, halbieren und in dünne Streifen schneiden.

▸ Speck fein würfeln, die Hälfte in einer großen Pfanne bei mittlerer Hitze langsam ausbraten. Die Hälfte der Zwiebeln dazugeben und glasig dünsten. Diesen Vorgang mit dem restlichen Speck und den Zwiebeln wiederholen.

▸ Saure Sahne und Eier in einer Schüssel verrühren und mit Salz, Pfeffer, Muskat würzen. Die abgekühlte Zwiebel-Speck-Mischung unterrühren.

▸ Hefeteig auf einer leicht bemehlten Arbeitsfläche ausrollen und auf ein mit Backpapier ausgelegtes Backblech legen. Den Belag darauf verteilen.

▸ Im Ofen etwa 20–25 Minuten backen.

Ohne Wartezeit fertig in 1 Stunde 30 Minuten

Pro Stück
ca. 335 kcal, E 12 g,
F 16 g, KH 36 g

Pilzstrudel

Im zartblättrigen Filo-Teig verbirgt sich eine wunderbare Füllung aus gemischten Pilzen, getrockneten Tomaten und Feta

ZUTATEN

6 Portionen, vegetarisch

STRUDEL

1 kg gemischte Pilze (z. B. braune Champignons, Shiitake-Pilze, TK-Steinpilze)
2–3 Schalotten
60 g Butter
2 EL Balsamessig
Salz
frisch gemahlener Pfeffer
½ TL getrocknete ital. Kräuter
5 getrocknete Tomaten
400 g Feta-Käse
8 Filo- oder Yufka-Teigblätter
etwas Meersalz zum Bestreuen

SAUCE

100 g Magerquark
150 g Vollmilchjoghurt
2 EL Tomatenmark aus getrockneten Tomaten (ersatzweise klassisches Tomatenmark)
2 EL Rapsöl
Edelsüß-Paprikapulver
2 EL Weißweinessig

Fertig in 1 Stunde

Pro Portion
ca. 600 kcal, E 23 g, F 40 g, KH 35 g

FÜR DEN STRUDEL

▶ Die Pilze putzen (nicht abspülen) und je nach Größe halbieren oder vierteln. Schalotten abziehen, fein würfeln und in 20 g heißer Butter glasig dünsten. Die Pilze (gefrorene Pilze nicht zuvor auftauen) dazugeben und bei starker Hitze scharf anbraten, bis alle Flüssigkeit verdampft ist. Den Essig dazugeben, die Pilze salzen und pfeffern und die Kräuter unterrühren. Die getrockneten Tomaten fein würfeln oder hacken. Den Feta-Käse abtropfen lassen und in Würfel schneiden.

▶ Den Backofen auf 200 Grad, Umluft 180 Grad, Gas Stufe 4 vorheizen.

▶ Die restliche Butter schmelzen lassen. 2 Teigblätter etwas übereinanderlappend auf der Arbeitsfläche zu einem Rechteck legen und dünn mit der flüssigen Butter bestreichen. 2 weitere Teigblätter darauflegen und wieder mit Butter bestreichen. So weiterschichten, bis alle Teigblätter verbraucht sind.

▶ Pilze, Tomaten und Käse mischen und auf einer Teighälfte als einen dicken Streifen auf den Teig geben, dabei an den Seiten etwa 5 cm frei lassen. Die freien Seitenstreifen zur Mitte hin über die Füllung schlagen. Teig und Füllung dann aufrollen, sodass die letzten Umdrehungen nur noch Teig sind.

▶ Strudel mit der Nahtseite nach unten auf ein mit Backpapier ausgelegtes Backblech legen. Mit flüssiger Butter bestreichen und mit etwas Meersalz bestreuen. Strudel im Ofen 15–20 Minuten goldbraun backen. Zwischendurch nochmals mit flüssiger Butter bestreichen, damit der Teig schön knusprig wird.

FÜR DIE SAUCE

▶ Quark, Joghurt, Tomatenmark und Öl gut verrühren. Mit Paprika, Salz, Pfeffer und Essig kräftig abschmecken.

Tipps

Der fertige Strudel kann vorbereitet und ungebacken eingefroren werden. Zum Servieren den Strudel gefroren in den vorgeheizten Backofen schieben. Etwa 10–15 Minuten länger als im Rezept angegeben im Ofen lassen, damit er durchgebacken ist. Zur Probe eine Stopfnadel tief in den Strudel stechen, kurz warten und dann die Nadel an die Lippen halten. Ist sie heiß, ist der Strudel durchgebacken.

Die Sauce für den Strudel kann 1–2 Tage vorher zubereitet werden. Am besten fest verschlossen im Schraubglas im Kühlschrank aufheben. Vor Verwendung gut schütteln.

Quiche

MIT ACETO-SCHALOTTEN UND ROSENKOHLSALAT

Dreifach raffiniert: Meerrettich schärft die Schmandcreme, essigsaure Schalotten mildern sie, den Rosenkohl macht Senf-Vinaigrette interessant

ZUTATEN
4 Portionen, vegetarisch

TEIG
200 g Mehl
100 g kalte Butter
1 Ei
2 EL Mineralwasser
1 Prise Salz
Mehl zum Ausrollen
Fett für die Form

GUSS
2 Eier
250 g Schmand
Salz
frisch gemahlener Pfeffer
frisch geriebene Muskatnuss
1 Glas Meerrettich (135 g)
1 Glas Aceto-Schalotten
(190 g Abtropfgewicht)

SALAT
800 g Rosenkohl
1 TL mittelscharfer Senf
1–2 TL Ahornsirup
4 EL Öl
Salz
Pfeffer

Ohne Wartezeit fertig in
1 Stunde 15 Minuten

Pro Portion
ca. 775 kcal, E 19 g,
F 54 g, KH 52 g

FÜR DEN TEIG

— Alle Zutaten zunächst mit den Knethaken des Handrührers, dann mit den Händen zu einem glatten Teig verkneten. Den Teig abgedeckt im Kühlschrank 30 Minuten ruhen lassen. Anschließend auf einer bemehlten Arbeitsfläche dünn ausrollen (etwa Ø 30 cm). Boden und Rand einer gefetteten und mit Mehl ausgestreuten Tarteform (Ø 26 cm) damit auslegen.

FÜR DEN GUSS

— Eier und Schmand gut verrühren und mit Salz, Pfeffer und Muskat würzen. Die Meerrettichcreme unterrühren.

— Den Backofen auf 180 Grad, Umluft 160 Grad, Gas Stufe 3 vorheizen.

— Die Aceto-Schalotten in einem Sieb abtropfen lassen, dabei den Sud auffangen. Den Guss auf dem Teigboden verteilen und mit den Schalotten belegen. Die Quiche im Ofen auf der unteren Einschubleiste etwa 45–50 Minuten backen.

FÜR DEN SALAT

— Vom Rosenkohl jeweils die äußeren Blätter entfernen. Die restlichen Blätter einzeln von den Röschen lösen, abspülen und in sprudelndem Salzwasser 2 Minuten kochen lassen. In ein Sieb gießen, eiskalt abspülen und die Blättchen abtropfen lassen. Schneller geht's, wenn die Rosenkohlröschen in Viertel geschnitten werden und etwas länger als die Blättchen kochen.

— Den Senf, 4–5 EL von der Schalottenflüssigkeit, Ahornsirup, Salz und Pfeffer verrühren. Das Öl nach und nach mit einer Gabel unterschlagen.

— Rosenkohlblätter oder -viertel und Sauce mischen und den Salat zur Quiche servieren. Die schmeckt übrigens kalt und warm gleich gut.

Kürbisquiche
MIT ROQUEFORT

Ein Seelenwärmer an stürmischen Herbstabenden: Milder Roquefort gibt dem mit Rosmarinöl veredelten Kürbis willkommenes Geleit

ZUTATEN
8 Stücke, vegetarisch

TEIG
250 g Mehl
½ TL Meersalz
125 g kalte Butter
1 Ei
Mehl zum Ausrollen
getrocknete Hülsenfrüchte zum Vorbacken
Fett für die Form

FÜLLUNG
2–3 Knoblauchzehen
2–3 Zweige Rosmarin
5 EL Olivenöl
½ TL Meersalz
700 g Hokkaido-Kürbis
3 Eier
150 g Schlagsahne
150 ml Milch
frisch gemahlener Pfeffer
1 Bund glatte Petersilie
125 g milder Blauschimmel-Käse (z. B. Gorgonzola, Roquefort)

Ohne Wartezeit fertig in 1 Stunde 30 Minuten

Pro Stück
ca. 485 kcal, E 13 g, F 35 g, KH 29 g

FÜR DEN TEIG

— Mehl sieben. Salz und Butterflöckchen dazugeben, Ei und 5 EL Wasser verquirlen, dazugießen und alles mit den Händen schnell zu einem glatten Teig verkneten. Teig abgedeckt für etwa 2 Stunden kalt stellen.

— Den Backofen auf 200 Grad, Umluft 180 Grad, Gas Stufe 4 vorheizen.

— Den Teig nochmals kurz durchkneten und auf einer bemehlten Arbeitsfläche etwa 3–4 mm dick (etwas größer als die Form) ausrollen (nächste Seite, Foto 1). In eine gefettete Tarteform (Ø 28 cm) legen und am Rand gut andrücken (Foto 2). Überstehenden Teig an den Rändern mit einem Messer abschneiden.

— Den Teigboden mit einer Gabel mehrmals einstechen, damit sich zwischen Teig und Formboden keine Blasen bilden können (Foto 3). Teig mit Backpapier auslegen. Die Hülsenfrüchte darauf verteilen und im Backofen auf der untersten Schiene etwa 25 Minuten vorbacken (Foto 4). Dadurch ist der Teig schon gar und bleibt nicht klitschig.

FÜR DIE FÜLLUNG

— Knoblauch schälen. Den Rosmarin abspülen, trocken tupfen und die Nadeln abstreifen. Knoblauch und Rosmarin fein hacken und mit Olivenöl und Salz mischen.

— Den Kürbis in Spalten schneiden, schälen und entkernen (Foto 5). Die Spalten auf ein Backblech legen und mit dem gewürzten Öl gut einstreichen (Foto 6). Sobald der Quicheteig aus dem Ofen kommt, die Kürbisspalten im Backofen bei gleicher Temperatur etwa 25 Minuten vorbacken.

← Eier, Sahne und Milch verquirlen und mit Salz und Pfeffer würzen. Petersilie abspülen, trocken schütteln und die Blätter fein hacken.

← Hülsenfrüchte und Backpapier vom Teig nehmen. Die Kürbisspalten auf den vorgebackenen Teigboden legen und mit der Eiersahne begießen (Foto 7). Den Käse fein zerbröckeln und zusammen mit der Petersilie über den Kürbis streuen (Foto 8–9).

← Im Ofen bei gleicher Temperatur etwa 25 Minuten backen, bis die Eiersahne fest und gestockt ist. Die Quiche in Stücke schneiden und, ganz nach Belieben, warm oder kalt servieren.

Linsenquiche
MIT MERGUEZ-WÜRSTCHEN

Wenn's mal etwas kräftiger sein soll: Herbe Linsen, scharfe Merguez und würziger Manchego verbinden sich zur deftigen Quiche

ZUTATEN
8 Stücke

1 Packung TK-Blätterteig (300 g)
½ Bund Thymian
Mehl zum Ausrollen

FÜLLUNG

150 g Linsen (z. B. Tellerlinsen)
1 Lorbeerblatt
2 EL Öl
200 g Merguez-Würste (scharf gewürzte Bratwurst aus Marokko)
80 g Hartkäse (z. B. Manchego oder Gruyère)
1 Stange Porree
feines Meersalz
frisch gemahlener Pfeffer
250 ml Milch
4 Eier
evtl. Thymian für die Deko

▸ Die Teigplatten auseinandergelegt etwa 10 Minuten auftauen lassen. Wieder übereinanderstapeln und auf einer bemehlten Arbeitsfläche zu einem runden Fladen (Ø etwa 32 cm) ausrollen. Den ausgerollten Teigboden in eine Tarteform (Ø 28 cm) legen und an den Rändern gut andrücken. Überstehende Teigränder abschneiden.

▸ Den Thymian abspülen, trocken schütteln und die Blättchen fein hacken. Den Teigboden mit einer Gabel mehrmals einstechen und den Thymian darüberstreuen. Den Teig bis zum Füllen kalt stellen.

FÜR DIE FÜLLUNG

▸ Linsen abspülen und zusammen mit dem Lorbeerblatt und reichlich Wasser etwa 45 Minuten oder nach Packungsanweisung gar kochen. In ein Sieb gießen, kurz kalt abspülen, das Lorbeerblatt entfernen und die Linsen abtropfen lassen.

▸ 1 EL Öl in einer Pfanne erhitzen und die Würste etwa 10 Minuten darin braten. Den Backofen auf 200 Grad, Umluft 180 Grad, Gas Stufe 4 vorheizen.

▸ Käse grob raspeln. Porree putzen, abspülen und in Ringe schneiden. Restliches Öl in einer Pfanne erhitzen, Porree darin bei kleiner Hitze etwa 10 Minuten unter Wenden andünsten. Linsen, Käse und Porree mischen, mit Salz und Pfeffer würzen. Füllung auf dem Teig verteilen. Würste schräg halbieren und in die Füllung drücken. Milch und Eier mit einer Gabel verquirlen und über die Füllung gießen.

▸ Auf der unteren Schiene im Backofen etwa 35–45 Minuten backen. Die Quiche auf einem Kuchengitter etwas abkühlen lassen. Warm oder kalt servieren. Eventuell mit Thymianzweigen bestreuen.

Ohne Wartezeit fertig in 1 Stunde 15 Minuten

Pro Stück
ca. 425 kcal, E 19 g, F 29 g, KH 22 g

Dazu passt grüner Salat

Tipps

Wenn Sie es weniger fett mögen, nehmen Sie Yufka-Teigblätter statt Blätterteig.

Die Quiche lässt sich am besten mit einem scharfen Messer mit Wellenschliff (Brotmesser) schneiden. Am allerbesten geht's, wenn sie kalt ist.

Vegetarische Variante: Die Wurst einfach durch Schafkäse (Feta) ersetzen.

Der ultimative Grundteig

Wenn Sie diesen Teig aus dem Effeff beherrschen, können Sie jederzeit eigene Quiches- und Tarteskreationen backen. Oder Sie beginnen mit den Rezepten auf den folgenden Seiten

ZUTATEN
280 g Mehl (Type 550)
2 EL Maisgrieß (30 g)
1 Päckchen Trockenhefe
1 TL Pfeffer (grob geschrotet)
Butter (für die Form)
Zucker (für die Form)
1 TL Meersalz
250 g Sahnejoghurt (zimmerwarm)
Mehl (zum Bearbeiten)

— Mehl, Grieß, Trockenhefe, Salz und Pfeffer mischen. Joghurt dazugeben und zuerst mit den Knethaken des Handrührers, dann mit den Händen zu einem glatten Teig verkneten. Teig zu einer Kugel formen und abgedeckt an einem warmen Ort 1 Stunde ruhen lassen.

— Den Backofen auf 200 Grad, Umluft 180 Grad, Gas Sufe 4 vorheizen.

— Teig auf wenig Mehl nochmals durchkneten und in Formgröße ausrollen. Teig mit einer Gabel mehrmals einstechen.

— Form ausfetten und mit Zucker ausstreuen. Teig mit den Löchern nach unten in die Form legen, nach Rezeptangabe belegen und backen.

Fertig in 10 Minuten

Tipps

Der Teig reicht für 2 Springformen (Ø 24 cm), ein Backblech oder eine große Pizzaform (Ø 32 cm).

Süße Variante: Auch als Boden für Obstkuchen ist der Teig ein Hit. Dafür statt Salz und Pfeffer einfach 80 g Zucker darunterkneten.

Frische Erbsentarte

Eine Art Flammkuchen: dünner Knusperboden, bestrichen mit Crème fraîche und belegt mit Avocado und Erbsen

ZUTATEN

4 Portionen, vegetarisch

½ Rezept Grundteig
(Rezept Seite 122)

BELAG

250 g TK-Erbsen
Meersalz
1 reife Avocado
2 TL Zitronensaft
1 grüne Chilischote
150 g Crème fraîche
frisch gemahlener Pfeffer
1 Bund Koriander
2 EL Nussöl
Mehl zum Bearbeiten
je 1 TL Öl und Zucker für das Backblech

— Grundteig zubereiten und 1 Stunde gehen lassen.

— Den Backofen auf 200 Grad, Umluft 180 Grad, Gas Sufe 4 vorheizen.

FÜR DEN BELAG

— Die Erbsen in kochendes Salzwasser geben, 5 Minuten kochen und abgießen. Avocado halbieren, entsteinen, schälen und das Fruchtfleisch würfeln. Mit Zitronensaft beträufeln. Die Chilischote abspülen, halbieren, Kerne entfernen und die Schote hacken.

— Crème fraîche verrühren und mit Salz und Pfeffer würzen. Koriander abspülen und trocken tupfen.

— Teig auf wenig Mehl nochmals durchkneten, ausrollen (Ø etwa 26 cm) und mit einer Gabel mehrmals einstechen.

— Backblech einölen und leicht mit Zucker bestreuen. Die Teigplatte mit den Löchern nach unten auf das Backblech legen. Backblech auf der mittleren Schiene in den Ofen schieben und den Teig etwa 15 Minuten backen. Aus dem Ofen nehmen und abkühlen lassen.

— Den abgekühlten Tarteboden mit Crème fraîche bestreichen. Erbsen, Avocadowürfel, Koriander und Chili locker mischen und auf dem Boden verteilen. Mit Meersalz bestreuen und mit dem Nussöl beträufeln.

Ohne Wartezeit fertig in 30 Minuten

Pro Portion
ca. 505 kcal, E 11 g,
F 33 g, KH 39 g

Lachstarte

Mit Wasabi-Schärfe bekommt der Lachs einen asiatischen Touch – Dill und Gurke frischen die Tarte auf

ZUTATEN

4 Portionen

½ Rezept Grundteig
(Rezept Seite 122)

BELAG

350 g frisches Lachsfilet
150 g Schmand
2 TL Wasabi (scharfe grüne Meerrettichpaste)
Meersalz
frisch gemahlener Pfeffer
3 TL Kapern
¼ Salatgurke (60 g)
2 Stängel Dill
Mehl zum Bearbeiten
je 1 TL Öl und Zucker für die Form

Ohne Wartezeit fertig in 30 Minuten

Pro Portion
ca. 395 kcal, E 21 g,
F 19 g, KH 33 g

— Den Teig zubereiten und 1 Stunde gehen lassen.

— Backofen auf 200 Grad, Umluft 180 Grad, Gas Stufe 4 vorheizen.

FÜR DEN BELAG

— Lachsfilet abspülen, trocken tupfen und das Filet quer in dünne Scheibchen schneiden. Eine Tarte- oder Springform (Ø 24 cm) mit etwas Öl ausfetten und leicht mit Zucker bestreuen.

— Schmand und Wasabi verrühren und mit Salz und Pfeffer würzen.

— Teig auf wenig Mehl nochmals durchkneten und etwas größer als die Form ausrollen. Teig mit einer Gabel mehrmals einstechen und mit den Löchern nach unten in die Form legen, dabei den Teig zum Überklappen etwas über den Formrand hängen lassen.

— Wasabi-Schmand auf den Teigboden streichen und mit den Lachsscheiben belegen. Mit Salz und Pfeffer würzen und mit den abgetropften Kapern bestreuen. Überhängende Teigränder leicht zur Mitte hin über die Tarte klappen und leicht andrücken.

— Tarte im Backofen auf der mittleren Schiene etwa 25–30 Minuten backen.

— Gurke abspülen, eventuell schälen und in dünne Scheiben hobeln. Dill abspülen und trocken schütteln.

— Lachstarte vor dem Servieren mit Gurkenscheiben und Dill garnieren.

Käsequiche

Käsekuchen mal nicht in süß, sondern wunderbar würzig.
Die rosa Pfefferbeeren sind mehr als hübsche Deko

ZUTATEN

6 Portionen, vegetarisch

1 Rezept Grundteig
(Rezept Seite 122)

BELAG

200 g Mozzarella
100 g Parmesan-Käse
100 g Comté-Hartkäse
200 g Mascarpone
200 g Crème fraîche
3 Eier
1 EL Mehl
Salz
frisch gemahlener Pfeffer
1 TL rosa Pfefferbeeren zum Bestreuen
Mehl zum Bearbeiten
je 1 TL Öl und Zucker für die Backform

— Grundteig zubereiten und 1 Stunde gehen lassen.

FÜR DEN BELAG

— Mozzarella abtropfen lassen, trocken tupfen und würfeln. Parmesan- und Comté-Käse reiben.

— Mascarpone, Crème fraîche, Eier, Mehl, Salz und Pfeffer verrühren. Beide Sorten geriebenen Käse unter die Mascarponecreme rühren.

— Den Backofen auf 200 Grad, Umluft 180 Grad, Gas Stufe 4 vorheizen.

— Eine große Pizzaform (Ø 32 cm) ausfetten und mit Zucker bestreuen.

— Teig auf wenig Mehl in Formgröße ausrollen und mit einer Gabel mehrmals einstechen. Teigplatte mit den Löchern nach unten in die Form legen. Dabei einen kleinen Rand hochziehen. Mozzarellawürfel auf dem Teigboden verteilen. Käsecreme darüber verteilen und mit Pfefferbeeren bestreuen.

— Backofenrost auf den Backofenboden legen und die Form daraufstellen. Die Quiche etwa 30 Minuten backen. Eventuell die Quiche zwischendurch mit Alufolie oder Backpapier abdecken.

Ohne Wartezeit fertig in 30 Minuten

Pro Portion
ca. 750 kcal, E 29 g,
F 51 g, KH 43 g

Chicorée-Tarte-Tatin

Zur Tarte Tatin gehören traditionell Äpfel. Die werden hier durch Chicorée ersetzt. Das Besondere bleibt: Sie wird gestürzt und »von unten« gegessen

ZUTATEN

4 Portionen, vegetarisch

½ Rezept Grundteig
(Rezept Seite 122)

BELAG

4 Chicoréekolben à 130 g
1 Schalotte
1 EL Butter
1 EL Zucker
1 TL Fenchelsaat
etwas abgeriebene Schale einer Bio-Zitrone
Meersalz
frisch gemahlener Pfeffer
1 EL Korinthen
Mehl zum Bearbeiten
2–3 TL Butter für die Form und zum Bestreichen

— Grundteig herstellen und 1 Stunde ruhen lassen.

FÜR DEN BELAG

— Chicorée längs halbieren und den Strunk keilförmig herausschneiden. Schalotte abziehen und würfeln.

— Butter und Zucker in einer großen Pfanne schmelzen lassen. Chicoréehälften mit der Schnittfläche nach unten hineinlegen und kurz braten. Schalottenwürfel, Fenchelsaat und Zitronenschale dazugeben und kurz mitbraten. Mit Salz und Pfeffer würzen.

— Den Backofen auf 200 Grad, Umluft 180 Grad, Gas Stufe 4 vorheizen.

— Den Chicorée in die gefettete Tarteform (Ø 24 cm) geben. Heiß abgespülte Korinthen darüberstreuen. Teig auf wenig Mehl nochmals durchkneten und in Formgröße ausrollen. Teigplatte mit einer Gabel mehrmals einstechen und mit den Löchern nach oben auf den Chicorée legen. Die Teigoberfläche mit flüssiger Butter bestreichen. Auf der mittleren Schiene etwa 20 Minuten backen. Vorsichtig auf eine Platte stürzen.

Ohne Wartezeit fertig in 45 Minuten

Pro Portion
ca. 250 kcal, E 6 g,
F 8 g, KH 37 g

Pie

MIT ROTE-BETE-ENTENRAGOUT

Erdige Rote Bete, Kartoffeln und mit Cognac marinierte Entenbrust rücken unter einer leichten Teigdecke zusammen

ZUTATEN

6 Portionen

1 Rezept Grundteig
(Rezept Seite 122)

RAGOUT

2 Entenbrustfilets à 250 g
½ Bund Thymian
Meersalz
frisch gemahlener Pfeffer
5 EL Cognac (oder Weinbrand)
300 g Kartoffeln
400 g Rote Bete (vorgekocht und im Vakuumpack)
1 Zwiebel
1 EL Butterschmalz
1/8 l Brühe
1/8 l Sherry (medium dry)
200 g Schmand
1 EL Saucenbinder
Mehl zum Bearbeiten
½ Eigelb
1 TL Milch zum Bestreichen

FÜR DAS RAGOUT

▸ Entenbrust abspülen und trocken tupfen. Das Fleisch in kleine Scheibchen schneiden, dabei die Haut entfernen. Thymian abspülen, trocken schütteln und die Blättchen abstreifen. Thymian, Meersalz, Pfeffer und Cognac verrühren und über das Entenfleisch geben. Abgedeckt im Kühlschrank über Nacht ziehen lassen.

▸ Grundteig zubereiten und 1 Stunde gehen lassen.

▸ Kartoffeln schälen, abspülen und würfeln. Rote Bete ebenfalls würfeln. Zwiebel abziehen und fein würfeln.

▸ Fleisch abtropfen lassen. Butterschmalz erhitzen und das Fleisch darin anbraten. Kartoffeln und Zwiebel dazugeben und kurz mitbraten. Brühe und Sherry dazugießen und etwa 15 Minuten schmoren.

▸ Den Backofen auf 200 Grad, Umluft 180 Grad, Gas Stufe 4 vorheizen.

▸ Rote Bete und Schmand zum Ragout geben, aufkochen lassen, unter Rühren den Saucenbinder einstreuen und mit Salz und Pfeffer abschmecken.

▸ Entenragout in eine ofenfeste Form (Ø 28 cm) geben.

▸ Teig auf wenig Mehl etwas größer als die Form ausrollen, mit einer Gabel mehrmals einstechen und mit einer kleinen Ausstechform einen kleinen »Schornstein« aus der Mitte ausstechen.

▸ Teigplatte mit den Löchern nach unten auf das Entenragout legen. Eigelb und Milch verquirlen und die Teigoberfläche damit bestreichen. Im Ofen auf der mittleren Schiene etwa 20–25 Minuten backen.

Ohne Wartezeit fertig in 45 Minuten

Pro Portion
ca. 550 kcal, E 25 g,
F 21 g, KH 56 g

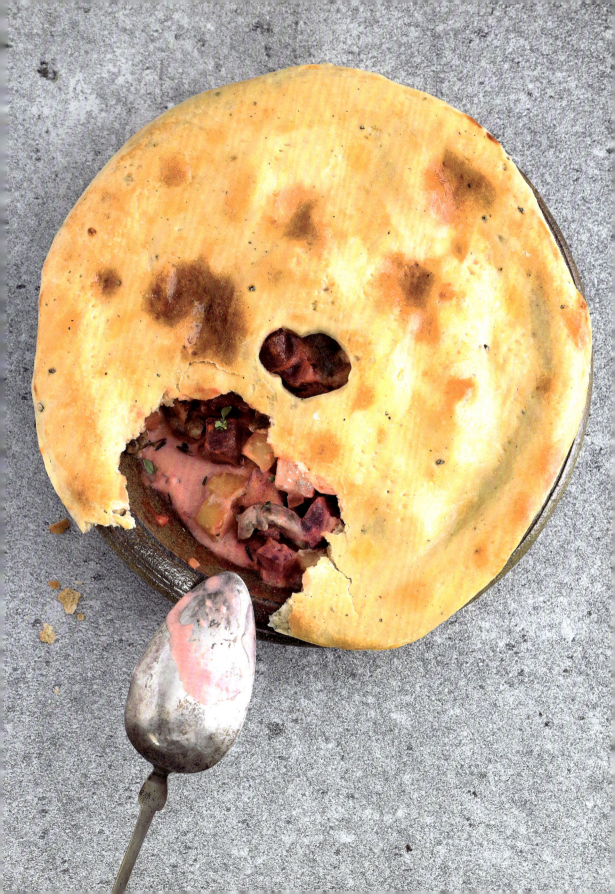

Süßes

Ein Ofen kann alles, auch wunderbare Süßspeisen zu Seelenfutter wärmen. Da kommen Dampfnudeln mit Sanddornkompott heiß auf den Teller, Bratäpfel, Preiselbeeren und Marzipan definieren den Apfelkuchen neu, ein Quarkauflauf findet sich mit Chili-Pflaumen wieder, eine Apfeltarte hat einen Brie mit Walnusskaramell an der Seite, eine Tarte mit Zitronen und Baiser bringt die Sonne mit. Und was ein Beeren-Plotzer oder ein Ofenschlupfer ist, wollen Sie bestimmt auch ausprobieren …

Ofenschlupfer

Seinen lustigen Namen trägt dieser Auflauf, weil er beim Brotbacken im Schwabenland einst mit in die verbliebene Hitze im Ofen »schlupfte« – Resteessen der süßen Art

ZUTATEN
4 Portionen

5 Brötchen ohne Körner (vom Vortag, oder 200–250 g Baguette)
375 ml Milch
1 Bio-Zitrone
60 g weiche Butter
75 g Zucker
1 Päckchen Vanillezucker
2 Eier
3 EL Mehl
1 Messerspitze Backpulver
30 g gemahlene Mandeln
700 g Äpfel
20 g Butter
2 EL gehackte Mandeln zum Bestreuen
1–2 EL Zucker
½ TL gemahlener Zimt

→ Die Brötchen in etwa 1–2 cm große Würfel schneiden und mit der Milch übergießen. Die Zitrone heiß abspülen, trocken tupfen und die Hälfte der Schale fein abreiben.

→ Zitronenschale, Butter, Zucker, Vanillezucker und Eigelbe mit den Quirlen des Handrührers cremig schlagen. Mehl, Backpulver und gemahlene Mandeln unterrühren. Brotwürfel ebenfalls unter den Teig rühren.

→ Eiweiß zu steifem Schnee schlagen und unter den Brötchenteig heben.

→ Äpfel schälen, das Kerngehäuse mit einem Apfelausstecher ausstechen. Äpfel in 5 mm dicke Ringe schneiden.

→ Den Backofen auf 180 Grad, Umluft 160 Grad, Gas Stufe 3 vorheizen.

→ Etwas Teig auf dem Boden einer Auflaufform verstreichen, mit einer Schicht Apfelringen belegen. Wieder eine Schicht Teig darauf verstreichen. So weiterschichten, bis Teig und Äpfel verbraucht sind. Mit einer Schicht Apfelringen oben abschließen.

→ Die Butter in kleinen Flöckchen darauf verteilen. Mandeln, Zucker und Zimt mischen und über die Äpfel streuen. Im Ofen etwa 40–50 Minuten goldbraun überbacken.

Fertig in
1 Stunde 30 Minuten

Pro Portion
ca. 685 kcal, E 15 g,
F 32 g, KH 84 g

Dazu Vanillesauce

Rohrnudeln

MIT SANDDORN-TRAUBEN-KOMPOTT

Das feine Kompott aus süßen Früchten und herbem Sanddorn schmiegt sich an lockeren Hefekuchen – warm serviert zum Niederknien gut

ZUTATEN
5 Portionen

HEFETEIG
1 Bio-Zitrone
etwa 500 g Mehl
1 Prise Salz
120 g Zucker
250 ml Milch
½ Würfel frische Hefe (21 g)
2 Eier
125 g weiche Butter
reichlich Mehl zum Bearbeiten
Fett für die Form

40 g Mandelblättchen
Puderzucker zum Bestäuben

KOMPOTT
2 frische Feigen
200 g kernlose blaue Trauben
200 ml Sanddorn-Fruchtsauce mit Honig
1 TL Speisestärke
1–2 EL Ahornsirup oder Honig

Ohne Wartezeit fertig in 1 Stunde

Pro Portion
ca. 875 kcal, E 18 g, F 33 g, KH 125 g

FÜR DEN HEFETEIG

▸ Die Zitrone heiß abspülen, trocken tupfen und die Schale fein abreiben. Zitronenschale, Mehl, Salz und 100 g vom Zucker mischen. Die Milch lauwarm erwärmen, Hefe zerbröseln und zusammen mit dem restlichen Zucker in der Milch auflösen.

▸ Milch, Eier und 75 g Butter zur Mehlmischung geben und alles zunächst mit den Knethaken des Handrührers, dann mit den Händen zu einem glatten Teig verkneten. Teig zugedeckt an einem warmen Ort etwa 45 Minuten gehen lassen.

FÜR DAS KOMPOTT

▸ Feigen und Trauben abspülen und trocken tupfen. Feigen in 4–6 Spalten schneiden. Trauben von den Stielen zupfen. Sanddornsauce, 100 ml Wasser, Feigen und Trauben 3 Minuten in einem Topf kochen lassen. Speisestärke und 2–3 EL Wasser verrühren und in das kochende Kompott rühren. Aufkochen und vom Herd nehmen. Mit Ahornsirup abschmecken und abkühlen lassen.

▸ Den Backofen auf 190 Grad, Umluft 170 Grad, Gas Stufe 3–4 vorheizen.

▸ Den Teig nochmals mit den Händen kurz durchkneten. Falls der Teig sehr klebrig ist, noch etwas mehr Mehl unterkneten und die Hände gut einmehlen. Teig in 12 Portionen teilen. Jede Teigportion zu einer Kugel rollen und in eine gefettete Auflaufform (35 × 20 cm Größe) legen. Restliche Butter schmelzen lassen und die Teigkugeln damit bestreichen. Mandeln darüberstreuen.

▸ Rohrnudeln auf der mittleren Schiene im Backofen 25–30 Minuten goldbraun backen. Puderzucker darübersieben und zusammen mit dem Kompott servieren.

Zitronentarte

So kommt der Sommer auf die Kaffeetafel:
Zitronensahne auf Mürbeteig unter einer luftigen Baiser-Haube

ZUTATEN
14 Stücke

MÜRBETEIG
125 g weiche Butter
100 g Puderzucker
Salz
1 Ei
250 g Mehl
Mehl zum Bearbeiten
500 g getrocknete Hülsenfrüchte zum Vorbacken

FÜLLUNG
5 Bio-Zitronen
130 g Puderzucker
200 g Schlagsahne
5 Eier

BAISER
3 ganz frische Eiweiß
1 Prise Salz
120 g Zucker

 Ohne Wartezeit fertig in 1 Stunde 30 Minuten

 Pro Stück
ca. 325 kcal, E 6 g,
F 15 g, KH 41 g

FÜR DEN MÜRBETEIG

▸ Butter, Puderzucker und 1 Prise Salz mit den Knethaken des Handrührers verkneten. Ei dazugeben und unterarbeiten. Mehl zufügen und kurz unterkneten. Teig zu einem flachen Fladen formen und abgedeckt für 2 Stunden kalt stellen (nächste Seite, Foto 1–2).

▸ Den Backofen auf 200 Grad, Umluft 180 Grad, Gas Stufe 4 vorheizen.

▸ Den Mürbeteig auf einer bemehlten Arbeitsfläche zu einem Teigfladen (Ø 32 cm) ausrollen (Foto 3). Den Teig um die Kuchenrolle wickeln und in eine Tarteform legen. Boden und Rand der Form mit dem Teig auslegen und gut andrücken, überstehende Ränder abschneiden (Foto 4). Teig mit einer Gabel mehrmals einstechen und mit Backpapier auslegen (Foto 5–6).

▸ Die Form mit Hülsenfrüchten füllen und im vorgeheizten Ofen auf der unteren Schiene etwa 20 Minuten vorbacken. Dann Hülsenfrüchte und Papier entfernen und den Teigboden weitere 5 Minuten backen. Aus dem Ofen nehmen und in der Form auf einem Kuchengitter kurz abkühlen lassen. Den Ofen auf 140 Grad, Umluft 120 Grad, Gas Stufe 1 herunterschalten.

FÜR DIE FÜLLUNG

▸ Die Bio-Zitronen heiß abspülen, trocken tupfen und die Schale von 2 Zitronen fein abreiben. Saft von allen Zitronen auspressen (ergibt etwa 150 ml). Zitronensaft, Zucker und Sahne verrühren. Zitronenschale und Eier gut unterrühren.

▸ Füllung auf den Tarteboden gießen (Vorsicht, der Tarteboden darf weder am Rand noch am Boden Risse haben). Tarte im Ofen auf dem Rost auf der unteren Schiene 40 Minuten backen. Zitronen-Tarte herausnehmen und auf dem Rost abkühlen lassen.

Tipp

Das Eiweiß für den Baiser sollte unbedingt ganz frisch sein, weil er nicht ganz durchgebacken wird – die Tarte also auch nicht länger als einen Tag aufheben.

FÜR DEN BAISER

- Eiweiß und 1 Prise Salz mit den Quirlen des Handrührers steif schlagen, dann den Zucker einrieseln lassen und weiterschlagen, bis sich der Zucker aufgelöst hat.

- Den Baiser auf der vorgebackenen Creme verteilen und mit dem Esslöffelrücken leichte Wellen hineindrücken (Foto 7–8). Mit dem Bunsenbrenner leicht bräunen oder einige Sekunden unter den vorgeheizten Backofengrill stellen, bis die Spitzen gebräunt sind (Foto 9).

Apfeltarte

MIT BRIE UND WALNÜSSEN

Gruß aus Frankreich: Knusprige Tarte trifft cremigen Brie, der sich mit karamellisierten Walnüssen herausgeputzt hat

ZUTATEN
10 Portionen

TEIG
175 g Mehl
85 g kalte gesalzene Butter
35 g Zucker
1 Ei
Fett und Mehl zum Bearbeiten

BELAG
20 g Walnusskerne
50 g Zucker
650 g Äpfel (z. B. Boskop oder Cox Orange)
1 Vanilleschote
100 g Schlagsahne
1 Ei
Puderzucker zum Bestäuben

WALNUSS-BRIE
500 g Brie oder Camembert
75 g Zucker
1 TL Butter
50 g Schlagsahne
50 g Walnusskerne

 Ohne Wartezeit fertig in 1 Stunde 35 Minuten

 Pro Portion ca. 465 kcal, E 16 g, F 28 g, KH 37 g

 Dazu Crème fraîche für die Apfeltarte – und als Digestif einen Calvados (Apfelschnaps)

FÜR DEN TEIG

▸ Eine Tarte- oder Springform (Ø 24 cm) fetten und mit Mehl ausstreuen. Teig auf wenig Mehl rund ausrollen, die Form damit auslegen, einen etwa 2 cm hohen Rand formen. Teigboden mehrfach mit einer Gabel einstechen.

▸ Den Backofen auf 200 Grad, Umluft 180 Grad, Gas Stufe 4 vorheizen.

FÜR DEN BELAG

▸ Walnüsse hacken, mit 1 EL Zucker auf den Teigboden streuen. Form kalt stellen. Äpfel schälen, Kerngehäuse mit einem Apfelausstecher entfernen. Äpfel in dünne Scheiben schneiden, gleichmäßig auf dem Teig verteilen. Die Tarte im vorgeheizten Backofen etwa 45–50 Minuten backen.

▸ Vanilleschote längs aufschneiden, das Mark herauskratzen und mit Sahne, Ei und restlichem Zucker verrühren. Mischung nach 30 Minuten über die Äpfel gießen, weitere 15–20 Minuten backen. Tarte abkühlen lassen, vor dem Servieren mit Puderzucker bestäuben.

FÜR DEN WALNUSS-BRIE

▸ Brie auf eine Platte geben. Zucker in einer Pfanne hellbraun karamellisieren. Butter und Sahne vorsichtig dazugeben, unter Rühren so lange kochen, bis eine glatte Masse entstanden ist. Nüsse dazugeben, unter Rühren kurz bräunen. Flüssigen Karamell sofort auf den Brie gießen und fest werden lassen (5–10 Minuten) und möglichst sofort servieren.

Quarkauflauf
MIT CHILI-PFLAUMENSAUCE

Leicht scharfes Pflaumenkompott ist ein spannender Kontrast zum süßen Auflauf. Karamellnüsse obendrauf lassen es krachen

ZUTATEN
4 Portionen

PFLAUMENSAUCE
3 Stängel Zitronengras
1 kleine rote Chilischote
200 ml Rotwein
100 ml frisch gepresster Orangensaft
3 EL brauner Zucker
400 g Pflaumen
50 g getrocknete Cranberries
2 TL Speisestärke

QUARKAUFLAUF
3 Eier
80 g Zucker
1 Bio-Zitrone
60 g weiche Butter
2 Päckchen Vanillezucker
250 g Ricotta-Käse
250 g Quark
5 EL Grieß
Butter für die Form

KARAMELLNÜSSE
30 g Haselnusskerne
30 g Walnusskerne
60 g Zucker

 Fertig in 1 Stunde

 Pro Portion
ca. 790 kcal, E 26 g, F 33 g, KH 91 g

FÜR DIE PFLAUMENSAUCE

▸ Zitronengras abspülen, in Stücke schneiden. Chili längs aufschneiden, entkernen und fein hacken (mit Küchenhandschuhen arbeiten). Rotwein, Orangensaft, Zucker, Zitronengras und Chili in einem Topf etwa 5 Minuten gerade eben kochen lassen. Sud durch ein Sieb gießen und wieder in den Topf geben.

▸ Pflaumen abspülen, vierteln und entsteinen. Pflaumen und Cranberries im Rotweinsud etwa 5 Minuten kochen. Stärke und 3–4 EL kaltes Wasser verrühren und in den kochenden Sud rühren. Nochmals aufkochen, eventuell mit Zucker abschmecken.

FÜR DEN QUARKAUFLAUF

▸ Den Backofen auf 180 Grad, Umluft 160 Grad, Gas Stufe 3 vorheizen.

▸ Eier trennen. Das Eiweiß steif schlagen, 50 g Zucker einrieseln lassen und weiterschlagen, bis sich der Zucker aufgelöst hat. Zitrone heiß abspülen, trocken tupfen, die Schale fein abreiben. Zitronenschale, restlichen Zucker, Butter und Vanillezucker mit den Quirlen des Handrührers cremig schlagen. Eigelbe nacheinander unterrühren.

▸ Ricotta, Quark und Grieß unterrühren und den Eischnee vorsichtig unterheben. Die Quarkmasse in eine gefettete Auflaufform (mindestens 1 Liter Inhalt) füllen. Den Auflauf im Ofen auf der mittleren Schiene 40–45 Minuten backen.

FÜR DIE KARAMELLNÜSSE

▸ Nüsse grob hacken, in einer Pfanne ohne Fett anrösten und auf geölte Alufolie geben. Zucker in der Pfanne schmelzen und über die Nüsse träufeln. Erstarren lassen.

▸ Den Quarkauflauf kurz vor dem Servieren mit den Karamellnüssen belegen und zusammen mit der Pflaumensauce servieren.

Bratapfelkuchen

Säuerliche Äpfel mit einem Kern aus Marzipan und Preiselbeeren, umrundet von Vanilleschmand – ein Apfelkuchen kann auch anders

ZUTATEN
16 Stücke

MÜRBETEIG
300 g Mehl
200 g Butter
100 g Zucker
2 Eigelb
1 TL Backpulver
getrocknete Hülsenfrüchte zum Vorbacken

FÜLLUNG
1 kg kleine Äpfel (etwa 8 Stück, gleichmäßig groß; z. B. Elstar)
2 EL Zitronensaft
5 EL Heidel- oder Preiselbeerkompott
200 g Marzipanrohmasse
3 Eier
75 g Zucker
300 g Schmand
½ Päckchen Vanillepuddingpulver
2 EL Aprikosenkonfitüre

Ohne Wartezeit fertig in 2 Stunden 25 Minuten

Pro Stück
ca. 375 kcal, E 6 g, F 22 g, KH 40 g

FÜR DEN MÜRBETEIG

▶ Mehl, Butter, Zucker, Eigelbe und Backpulver zu einem glatten Teig verkneten. Abgedeckt für 30 Minuten kalt stellen. Eine Hälfte Teig ausrollen. Den Boden einer mit Backpapier ausgelegten Springform (Ø 26 cm) damit auslegen. Mit einer Gabel mehrmals einstechen. Restlichen Teig zu einer etwa 70 cm langen Rolle formen und an den Rand der Form drücken. Teig mit Backpapier auslegen und die Form mit Hülsenfrüchten füllen.

▶ Den Backofen auf 200 Grad, Umluft 180 Grad, Gas Stufe 4 vorheizen.

FÜR DIE FÜLLUNG

▶ Äpfel schälen, das Kerngehäuse mit einem Apfelausstecher entfernen. Äpfel mit Zitronensaft beträufeln und mit Kompott füllen. Die Apfelöffnungen mit einem haselnussgroßen Stück Marzipan verschließen. Äpfel in eine Auflaufform setzen.

▶ Springform mit dem Teig auf der mittleren Einschubleiste, Äpfel auf einem Rost auf dem Boden des Backofens zusammen etwa 20 Minuten backen. Papier und Hülsenfrüchte vom Teigboden entfernen. Ofen auf 180 Grad, Umluft 160 Grad, Gas Stufe 3 herunterschalten. Noch 10 Minuten backen.

▶ Eier, Zucker und restliche Marzipanrohmasse cremig schlagen (eventuell den Stabmixer nehmen, wenn das Marzipan Klümpchen bildet). Schmand und Puddingpulver unterrühren.

▶ Den Tortenboden aus dem Ofen nehmen, die Bratäpfel mit einem Pfannenwender auf den Teigboden setzen. Den Marzipanguss vorsichtig um die Äpfel gießen. Kuchen weitere 60 Minuten bei gleicher Hitze backen. Eventuell mit Backpapier abdecken, damit er nicht zu dunkel wird. Aprikosenkonfitüre glatt rühren und auf den heißen Kuchen streichen. Abkühlen lassen.

Tipp

Besonders gut schmeckt der Kuchen mit der Apfelsorte Elstar.

Beeren-Plotzer

Eigentlich wird ein Plotzer mit Kirschen gebacken, aber dieser Auflauf aus dem Badischen hat auch mit gemischten Beeren das Zeug, glücklich zu machen

ZUTATEN

6 Portionen

100 g Brioche oder Milchbrötchen
1 Bio-Zitrone
3 Eier
50 g weiche Butter
70 g Zucker
75 g geschälte gemahlene Mandeln
½ TL Weinstein-Backpulver
Salz
600 g gemischte Beeren (Heidelbeeren, Himbeeren, Brombeeren)
Fett für die Form
Puderzucker zum Bestäuben

— Brioche oder Brötchen in dünne Scheiben schneiden und toasten. Abkühlen lassen und fein zerbröseln. Die Zitrone heiß abspülen, trocken tupfen, die Schale fein abreiben und den Saft auspressen. Die Eier trennen.

— Den Backofen auf 180 Grad, Umluft 160 Grad, Gas Stufe 3 vorheizen.

— Butter und Zucker mit den Quirlen des Handrührers cremig rühren. Die Eigelbe unterrühren. Dann Mandeln, Brioche-Brösel, Backpulver, Zitronensaft und -schale unterrühren. Das Eiweiß und eine Prise Salz zu steifem Eischnee schlagen und mit einem Schneebesen unterheben.

— Die Beerenfrüchte verlesen, eventuell abspülen und in eine gefettete ofenfeste Form (etwa 1 Liter Inhalt) legen. Den Teig darauf verstreichen. Den Beeren-Plotzer im vorgeheizten Backofen auf der unteren Schiene etwa 30 Minuten goldgelb backen. Kurz vor dem Servieren mit Puderzucker bestäuben und am besten lauwarm genießen.

 Fertig in 1 Stunde

 Pro Portion
ca. 320 kcal, E 9 g,
F 19 g, KH 28 g

 Dazu Vanilleeis

Tipps

Der Plotzer gelingt auch mit TK-Beerenfrüchten, Aprikosen, Pfirsichen oder Zwetschen.

Weinstein-Backpulver kommt ohne Phosphat aus und ist dadurch ein »natürlicheres« Treibmittel. Die Konsistenz des Teiges gerät damit aber genau wie mit herkömmlichem Backpulver.

Ofengeheimnisse

Wie bekommt ein Huhn schön knusprige Haut? Was macht einen Braten saftig und wahre Backkunst aus? Nicht zu vergessen, welche Töpfe und Tiegel brauchen Sie? Hier geht es um Gartechniken und Küchengeräte, mit denen Ihre Ofengerichte garantiert gelingen

Aus dem Ofen – Kleine Schule der Garmethoden

Brust, Rücken, Keule – saftige Braten und geschmorte Fleischstücke kommen uns als Erstes in den Sinn, wenn wir an Ofengerichte denken. Aber auch Gebackenes gehört dazu. Und Gratiniertes natürlich. Hier erfahren Sie, welche Methode für welche Gerichte ganz wundervoll geeignet ist.

Schmoren

Von allen Garmethoden ist das Schmoren am beliebtesten. Weil es so einfach ist, außer Zeit nur wenig Aufmerksamkeit braucht und einen schützenden Deckel fürs Gericht, eine leckere Sauce entsteht dabei fast von allein. Schmoren ist besonders gut geeignet für kräftige Fleischgerichte und große Braten, für feste Fische und Gemüse.

Zwei Methoden kommen dabei zusammen: Braten und Dünsten. Erst wird das Gargut in einer Pfanne oder im Bräter stark angebraten, um durch die entstehenden Röststoffe schon mal Aroma zu sammeln. Flüssigkeit muss dazu, Brühe, Fond, Wein oder auch nur Wasser, dann noch Gewürze, gern auch Zwiebeln. Deckel auf den Bräter – und ab geht's in den Ofen, wo das Gargut bei meist nicht zu hoher Temperatur ein paar Stunden vor sich hin schmurgelt. Falsch machen kann man eigentlich kaum etwas, diese Garmethode verzeiht Fehler, lediglich die Schmorflüssigkeit sollte man im Auge behalten: Bei zu viel Flüssigkeit ertrinkt das Gargut, zu wenig trocknet es aus. Investieren Sie in einen guten Bräter mit fest verschließbarem Deckel.

Tipp
Bevor Sie das Fleisch schmoren, sollte es Zimmertemperatur haben, also besser rechtzeitig aus dem Kühlschrank nehmen. Das bewahrt das Fleisch vor einem Temperaturschock und es gart gleichmäßiger.

Zum Schmoren geeignet ist vor allem festes Fleisch mit robuster Struktur, das sind Stücke wie Keulen oder Brüste vom Geflügel und Rind – kurz gesagt, es sind nicht unbedingt die edelsten Teile der Tiere, die Gutes liefern. Ein Schmorklassiker ist Gulasch, in allen Variationen, natürlich sind das auch Rouladen. Beim Fisch bieten sich ebenso festfleischige Arten an, also Lachs, Karpfen oder Steinbutt. Auch Gemüse lässt sich hervorragend schmoren, denn das Garen lockt die Eigenaromen hervor.

Ofenbraten

Im Gegensatz zum Schmoren ist das Braten im Ofen eine offene Angelegenheit. Wollen Sie eine krachende Kruste auf Ihrem Sonntagsbraten? Oder die perfekte Weihnachtsgans? Ente mit Knusperhaut und zartem Fleisch? Dann braten Sie – im Ofen!

Die Hitze gelangt dabei direkt an das Gargut, das gewöhnlich auf dem Backblech liegt, in der Saftpfanne (ein tieferes Backblech) oder in einem offenen Bräter. Ein wenig Fett muss sein, darin wird das Gargut erst mal bei starker Hitze angebraten und gebräunt. Dann die Temperatur reduzieren und den Braten, das Geflügel, das Filet fertig garen. Hilfreich ist dabei ein Bratenthermometer, mit dem man die innere Temperatur des Garguts prüfen kann.

Ganze Vögel (Enten, Hähnchen, Gänse) sind das ideale Gargut zum Ofenbraten: Durch die Ofenhitze schmilzt das Fett unter der Haut, das macht ihr Fleisch besonders zart und aromatisch, die Haut wunderbar knusprig. Versuchen Sie sich unbedingt auch einmal an einem Roastbeef und einem Schweinerollbraten, die sind ganz einfach zu machen. Und erinnern Sie sich noch an den »falschen Hasen«, ein wundervoller Hackfleischauflauf? Auch ganze Fische (z. B. Wolfsbarsch oder Dorade) eignen sich – selbst für Küchenneulinge!

Backen

Eng verwandt mit dem Braten ist das Backen. Der Unterschied: Das Backen verlangt trockene Hitze im Rohr. Üblicherweise braucht man eine feuerfeste Form aus Metall, Steingut oder Porzellan. Darin lassen sich Aufläufe und Gratins garen, außerdem alle möglichen Teige und Gerichte auf Teigböden wie Tartes und Quiches. Das Gargut ist seitlich durch die Form vor direkter Hitze geschützt. Aber oben, wo man es wünscht, backt sich eine Knusperkruste aus. Streuselkuchen, Crumbles und Überbackenes mit Käse brauchen diese Art Hitze (aufgepasst: Zu viel Hitze von oben birgt die Gefahr des Anbrennens! Da hilft Abdecken mit Alufolie oder Backpapier). Zwingend sind Formen fürs Backen übrigens nicht, man denke an Zwiebelkuchen vom Blech oder Belegbares wie Flammkuchen. Und, natürlich: Pizza!

Gratinieren

Das ist eigentlich keine eigene Garmethode, sondern bezeichnet einen Zubereitungsschritt, manchmal wird es auch Überbacken oder Übergrillen genannt: Dabei wird das Gargut direkter und starker Oberhitze ausgesetzt, damit die Oberfläche (z. B. bei Aufläufen) die gewünschte aromatische Bräunung bekommt. Vorsicht ist aber geboten: Wenn man nicht aufpasst, brennt auch da schon mal was an …

Mother's little helpers – Nötiges und Nützliches für Ofengerichte

Sie haben einen Backofen? Sehr gut, denn mehr brauchen Sie fast nicht, um die weite Welt der herrlichsten Ofengerichte zu erkunden. Ob Sie ein konventionelles Gerät mit Ober-/Unterhitze haben, mit Umluft garen können oder auf Gas schwören, ist eigentlich egal, in den Rezepten finden Sie Angaben für alle Ofenarten. Manchmal ist das Garen mit Umluft nicht geeignet, weil es z. B. das Gargut austrocknen könnte, das sagen wir natürlich an.

— Ein Bräter oder Schmortopf ist zum Schmoren unverzichtbar, am besten ist er aus Gusseisen. Wichtig ist, dass der Topf die richtige Größe für das Gargut und einen fest verschließbaren Deckel hat. Eine tolle Alternative ist ein Tontopf, in dem sich schonender und fettärmer schmoren lässt.

— Ein Backblech ist Standard in jedem Gerät, eine Saftpfanne leider nicht. Aber besorgen Sie sich besser eine, falls Sie mal Größeres vorhaben, etwa eine Gans.

— Alle Formen und Größen: Von Auflauf-, Spring- und Tarteform und sonstigem Backgerät aus Metall, Emaille, Steingut oder Porzellan können Sie gar nicht genug haben.

— Ob Sie es Nudelholz oder Rollholz nennen, ist egal. Hauptsache Sie haben eins, um z. B. den Teig für eine Quiche so richtig schön dünn zu walzen.

— Gönnen Sie sich ein Bratenthermometer: Es wird direkt in das Fleisch gesteckt, so können Sie sicher feststellen, dass der Braten gar ist. Bratenthermometer gibt es digital oder analog, ganz nach Belieben. Und weil nicht jeder Backofen die Temperatur erbringt, die versprochen wird, lohnt sich auch ein Backofenthermometer, das einfach in den Ofen gestellt wird.

— Dann wäre da noch ein Pinsel. Damit lässt sich das Gargut beim Garen mit Flüssigkeit bestreichen. Aber auch, sehr lecker für die Sauce, der Bratensatz vom Backblech oder aus dem Bräter lösen; Pinsel gibt es mit Naturborsten oder aus Silikon, das länger durch- und höhere Temperaturen aushält.

— Auch ein feinmaschiges Spitzsieb tut gute Dienste, wenn beim Abgießen des Bratensatzes Gewürze, Fleisch und Gemüsefasern ausgesiebt werden – das ergibt eine feinere Sauce.

— Für fortgeschrittene Schmorprofis empfiehlt sich auch die Anschaffung eines Entfettungskännchens, gerade für fettreiche Schmorgerichte wie Gänsebraten. Der gelöste Bratensatz wird in das Kännchen gegossen, das Fett setzt sich oben ab. Und unten kann man die Bratensauce abgießen. Weniger Fett beeinträchtigt nicht den Geschmack – und freut die Figur.

Ananas
  Toast Hawaii 10
Apfel
  Apfeltarte mit Brie und Walnüssen 144
  Bratapfelkuchen 148
  Kalbsrücken mit Rosmarin-Senf-Kruste 92
  Ofenschlupfer 136
Aprikosen
  Hähnchenkeulen mit Ratatouille-Gemüse 64
  Überbackenes Käse-Törtchen mit Chutney 14
Auberginen
  Auberginen-Moussaka 56
Avocado
  Frische Erbsentarte 124

Beeren
  Beeren-Plotzer 150
Bohnen
  Gnocchi-Auflauf mit grünen Bohnen 32
Bolognese
  Bolognese-Crespelle 44
  Die Perfekte Lasagne 48
Brokkoli
  Brokkoli-Kartoffelgnocchi-Auflauf 46
Brot, Gerichte mit
  Kürbislasagne mit Knusperkruste 52
  Ofenschlupfer 136
  Paprika-Welsh-Rarebit oder überbackener Ei-Toast 12
  Toast Hawaii 10
  Toskanischer Brotauflauf 30

Chicorée
  Chicorée-Tarte-Tatin 130
Chutney
  Überbackenes Käse-Törtchen mit Chutney 14
Crespelle
  Bolognese-Crespelle 44

Dillcreme 40

Eier
  Paprika-Welsh-Rarebit oder überbackener Ei-Toast 12
Ente
  Glasierte Entenkeulen mit Sauce 78
  Pie mit Rote-Bete-Entenragout 132
Erbsen
  Frische Erbsentarte 124

Feigen
  Rohrnudeln mit Sanddorn-Trauben-Kompott 138
Fenchel
  Fenchelpizza 102
  Lachs im Lasagneblatt 40
Frittata
  Pilz-Frittata 22

Gnocchi
  Gnocchi-Auflauf mit grünen Bohnen 32
  Brokkoli-Kartoffelgnocchi-Auflauf 46

Hackfleisch
  Bolognese-Crespelle 44
  Die Perfekte Lasagne 48
Haselnüsse
  Quarkauflauf mit Chili-Pflaumensauce 146
Huhn
  Brathähnchen 74
  Chicken-Wings 18
  Coq à l'orange 70
  Gemüseauflauf mit Bacon und Hähnchenfleisch 36
  Geschmorte Hähnchenkeulen 66
  Hähnchenkeulen mit Ratatouille-Gemüse 64
  Limetten-Ingwer-Hähnchen 68
  Marokkanisches Zitronenhuhn 72
  Senfhühnchen 76

Ingwer
  Gratinierter Lachs mit Ingwer 24
  Limetten-Ingwer-Hähnchen 68

Kalb
  Kalbskotelettbraten 88
  Kalbsrücken mit Rosmarin-Senf-Kruste 92
Kartoffeln
  Auberginen-Moussaka 56
  Brokkoli-Kartoffelgnocchi-Auflauf 46
  Gemüseauflauf mit Bacon und Hähnchenfleisch 36
  Kartoffelgratin mit Schweinefilet 38
  Lammbraten 90
  Pie mit Rote-Bete-Entenragout 132
Käse
  Apfeltarte mit Brie und Walnüssen 144
  Auberginen-Moussaka 56
  Gemüseauflauf mit Bacon und Hähnchenfleisch 36
  Gnocchi-Auflauf mit grünen Bohnen 32
  Gruyère-Soufflé 26
  Kartoffelgratin mit Schweinefilet 38
  Käsequiche 128
  Kürbislasagne mit Knusperkruste 52
  Kürbisquiche mit Roquefort 116
  Linsenquiche mit Merguez-Würstchen 120
  Nudelauflauf mit Maronen 54
  Ofentomaten 20
  Orangenpizza 100
  Paprika-Welsh-Rarebit oder überbackener Ei-Toast 12
  Pastinaken-Crumble 58
  Pilz-Frittata 22
  Pizza Salmone – Lachs-Pizza frisch belegt 86
  Polenta-Salbei-Auflauf 42
  Porreetarte mit Ziegenfrischkäse 108
  Quiche Lorraine – Lothringischer Speckkuchen 104
  Spinatauflauf 34
  Toast Hawaii 10
  Toskanischer Brotauflauf 30
  Überbackenes Käse-Törtchen mit Chutney 14
  Ziegenkäsequiche mit Paprika 106

Kompott
  Sanddorn-Trauben-Kompott 138
Kürbis
  Kürbislasagne mit Knusperkruste 52
  Kürbisquiche mit Roquefort 116

Lachs
  Gratinierter Lachs mit Ingwer 24
  Lachs im Lasagneblatt 40
  Lachstarte 126
  Pizza Salmone – Lachs-Pizza frisch belegt 86
Lamm
  Lammbraten 90
  Lammrollbraten 86
Lasagne
  Die Perfekte Lasagne 48
  Kürbislasagne mit Knusperkruste 52
  Lachs im Lasagneblatt 40
Limette
  Gratinierter Lachs mit Ingwer 24
  Lachs im Lasagneblatt 40
  Limetten-Ingwer-Hähnchen 68
  Porreetarte mit Ziegenfrischkäse 108
Linsen
  Linsenquiche mit Merguez-Würstchen 120

Maronen
  Nudelauflauf mit Maronen 54
Marzipan
  Bratapfelkuchen 148
Möhren
  Bolognese-Crespelle 44
  Gemüseauflauf mit Bacon und Hähnchenfleisch 36
  Pastinaken-Crumble 58

Nudeln (siehe auch Lasagne)
  Nudelauflauf mit Maronen 54
  Spinatauflauf 34

Oliven
  Coq à l'orange 70
  Geschmorte Hähnchenkeulen 66
  Lammrollbraten 86
  Schweinebraten 80
  Marokkanisches Zitronenhuhn 72
  Orangenpizza 100
  Pissaladière 98
  Polenta-Salbei-Auflauf 42
Orangenmarmelade
  Glasierte Entenkeulen mit Sauce 78
  Schweinebraten 80
  Orangenpizza 100

Paprikaschoten
  Hähnchenkeulen mit Ratatouille-Gemüse 64
  Pissaladière 98
  Ziegenkäsequiche mit Paprika 106
Pastinaken
  Gemüseauflauf mit Bacon und Hähnchenfleisch 36
  Pastinaken-Crumble 58
Pfannkuchen
  Bolognese-Crespelle 44

Pie
  Pastinaken-Crumble 58
  Pie mit Rote-Bete-Entenragout 132
  Pilz-Frittata 22
  Pilzstrudel 112
Pissaladière 98
Pizza
  Fenchelpizza 102
  Orangenpizza 100
  Pizza Salmone – Lachs-Pizza frisch belegt 96
Polenta
  Ofentomaten 20
  Polenta-Salbei-Auflauf 42
Porree
  Bolognese-Crespelle 44
  Porreetarte mit Ziegenfrischkäse 108
  Quiche Lorraine – Lothringischer Speckkuchen 104

Quiche
  Käsequiche 128
  Kürbisquiche mit Roquefort 116
  Linsenquiche mit Merguez-Würstchen 120
  Quiche Lorraine – Lothringischer Speckkuchen 104
  Quiche mit Aceto-Schalotten und Rosenkohlsalat 114
  Ziegenkäsequiche mit Paprika 106

Ragout
  Pie mit Rote-Bete-Entenragout 132
Rind
  Entrecôte 82
Rosenkohl
  Quiche mit Aceto-Schalotten und Rosenkohlsalat 114
Rote Bete
  Pie mit Rote-Bete-Entenragout 132

Sardellen
  Geschmorte Hähnchenkeulen 66
  Lammrollbraten 86
  Pissaladière 98
Sauce
  Barbecue-Sauce 18
  Béchamelsauce 51
  Bratensauce 88
  Pflaumensauce 146
  Remouladensauce 82
  Sauce für Pilzstrudel 112
Schinken
  Toast Hawaii 10
Schwein
  Kartoffelgratin mit Schweinefilet 38
  Schweinebraten 80
Soufflé
  Gruyère-Soufflé 26
Speck
  Gemüseauflauf mit Bacon und Hähnchenfleisch 36
  Quiche Lorraine – Lothringischer Speckkuchen 104
  Zwiebelkuchen 110
Spinat
  Gnocchi-Auflauf mit grünen Bohnen 32
  Spinatauflauf 34

Süßkartoffeln
  Kalbsrücken mit Rosmarin-Senf-Kruste 92
  Pastinaken-Crumble 58
  Süßkartoffelauflauf 60

Tarte
  Apfeltarte 144
  Chicorée-Tarte-Tatin 130
  Frische Erbsentarte 124
  Lachstarte 126
  Porreetarte mit Ziegenfrischkäse 108
  Zitronentarte 140
Teigrezepte
  Gnocchi 46
  Grundteig 122
  Hefeteig 98, 102, 110, 138
  Käse-Törtchen 14
  Mürbeteig 140, 148
  Lasagneblätter 48
  Pfannkuchen 44
  Pizza 96, 100
  Quiche 104, 114
  Strudelteig 112
  Tarte 108, 144
  Yorkshire-Pudding 82
Tomaten
  Auberginen-Moussaka 56
  Die Perfekte Lasagne 48
  Geschmorte Hähnchenkeulen 66
  Hähnchenkeulen mit Ratatouille-Gemüse 64
  Lachs im Lasagneblatt 40
  Lammbraten 90
  Nudelauflauf mit Maronen 54
  Ofentomaten 20
  Polenta-Salbei-Auflauf 42
  Tomatensugo 96

Vegetarisch
  Apfeltarte mit Brie und Walnüssen 144
  Auberginen-Moussaka 56
  Beeren-Plotzer 150
  Bratapfelkuchen 148
  Brokkoli-Kartoffelgnocchi-Auflauf 46
  Chicorée-Tarte-Tatin 130
  Frische Erbsentarte 124
  Gnocchi-Auflauf mit grünen Bohnen 32
  Gruyère-Soufflé 26
  Käsequiche 128
  Kürbislasagne mit Knusperkruste 52
  Kürbisquiche mit Roquefort 116
  Nudelauflauf mit Maronen 54
  Ofenschlupfer 136
  Ofentomaten mit Polenta und Pecorino 20
  Orangenpizza 100
  Paprika-Welsh-Rarebit oder überbackener Ei-Toast 12
  Pastinaken-Crumble 58
  Pilz-Frittata 22
  Pilzstrudel 112
  Polenta-Salbei-Auflauf 42
  Porreetarte mit Ziegenfrischkäse 108
  Quarkauflauf mit Chili-Pflaumensauce 146
  Quiche mit Aceto-Schalotten und Rosenkohlsalat 114

Rohrnudeln mit Sanddorn-Trauben-Kompott 138
Spinatauflauf 34
Süßkartoffelauflauf 60
Toskanischer Brotauflauf 30
Überbackenes Käse-Törtchen mit Chutney 14
Ziegenkäsequiche mit Paprika 106
Zitronentarte 140
Walnüsse
  Apfeltarte mit Brie und Walnüssen 144
  Quarkauflauf mit Chili-Pflaumensauce 146
Weintrauben
  Rohrnudeln mit Sanddorn-Trauben-Kompott 138
Wurst
  Fenchelpizza 102
  Linsenquiche mit Merguez-Würstchen 120
Zitronen
  Marokkanisches Zitronenhuhn 72
  Zitronentarte 140
Zucchini
  Hähnchenkeulen mit Ratatouille-Gemüse 64
  Polenta-Salbei-Auflauf 42
Zwiebeln
  Pissaladière 98
  Zwiebelkuchen 110

Edel Books
Ein Verlag der Edel Germany GmbH

Copyright © 2014 Edel Germany GmbH,
Neumühlen 17, 22763 Hamburg
www.edel.com
1. Auflage 2014

BRIGITTE Kochbuch-Edition ist eine Marke der Zeitschrift BRIGITTE
– Alle Rechte vorbehalten –

Alle Rezepte stammen aus der BRIGITTE.
Chefredakteurin BRIGITTE: Brigitte Huber
Stellvertretende Chefredakteurinnen: Claudia Hohlweg (Art), Claudia Münster

Projektleitung und Koordination: Jelena Jenzsch (BRIGITTE), Constanze Gölz (Edel)
Rezepte (Produktion und Foodstyling): BRIGITTE Kochressort
Rezeptauswahl: Antje Klein, Constanze Gölz, Julia Sommer
Texte: Antje Klein
Textlektorat: Andrea Lepperhoff
Lektorat und Redaktion: Constanze Gölz, Julia Sommer
Korrektorat: Brigitte Hamerski
Fotografien im Innenteil: Thomas Neckermann mit Ausnahme von den Seiten 53 und 55
von Julia Hoesch, Seite 57 von Wolfgang Schardt und Seite 121 von Carsten Eichner
Coverfotografien: Wolfang Schardt mit Anne-Katrin Weber (Foodstyling) und
Maria Grossmann (Styling)
Layout, Satz und Covergestaltung: Lars Hammer und Carolin Beck für
Groothuis. Gesellschaft der Ideen und Passionen mbH, Hamburg | www.groothuis.de
Lithografie: Frische Grafik, Hamburg
Druck und Bindung: optimal media GmbH, Glienholzweg 7
17207 Röbel/Müritz

Alle Rechte vorbehalten. All rights reserved. Das Werk darf – auch teilweise –
nur mit Genehmigung des Verlages wiedergegeben werden.

Printed in Germany
ISBN 978-3-8419-0308-2